Faithbuilders Publishing

Les Benedictions de la Grace de Dieu

WIPF & STOCK · Eugene, Oregon

Mathieu Baudin

Wipf and Stock Publishers
199 W 8th Ave, Suite 3
Eugene, OR 97401

Les Benedictions de la Grace de Dieu
By Baudin, Mathieu
Copyright©2016 Apostolos
ISBN 13: 978-1-5326-6881-4
Publication date 9/16/2018
Previously published by Apostolos, 2016

Pour tous ceux qui partagent la grâce abondante de Dieu.

Table des Matières

Avant-propos

Avant sa conversion, Saul de Tarse faisait des ravages dans l'Eglise de Jésus-Christ, persécutant les hommes et les femmes à mort pour le simple crime d'être des disciples de Jésus-Christ. Pour Saul, suivre le Nazaréen méprisé était un renoncement à la foi juive qui lui était si chère, et une offense à Dieu. Ce que les disciples de Jésus souffraient en raison de leur foi n'était pas, pour lui, une punition plus sévère que ce qu'ils méritaient pour leur blasphème.

Saul avait présidé à la lapidation d'Étienne, le premier martyre chrétien qui a été documenté; un événement qui fut la cause de la dispersion de nombreux croyants vers les pays étrangers pour sauver leur vie. Saul était devenu si démesurément zélé contre les membres de cette «nouvelle secte» qu'il les poursuivait au-delà des frontières d'Israël afin de les traduire enjustice.

Lors d'une telle expédition punitive il s'était rendu à Damas, la capitale syrienne, avec des lettres de l'autorité des grands prêtres de Jérusalem, afin d'arrêter tout disciple de Jésus de Nazareth qui y était et les amener à Jérusalem pour leur procès. Alors qu'il était en route Saul rencontra le Christ ressuscité en personne. Le Seigneur Jésus se révéla à Saul avec une gloire qu'il décrivit plus tard comme étant plus brillante que le soleil (Actes 26:13), une gloire qui le laissa temporairement aveugle.

Quand Saul tomba à terre, il entendit le Seigneur lui parler d'une voix qui était audible même à ses compagnons de voyage, mais eux ils ne virent rien. Au début, il fut surpris par la révélation. «Qui es-tu Seigneur?» fut sa première question au visiteur céleste. «Je suis Jésus que tu persécutes», fut la réponse.

La conversion de Saul était chose faite, quand il reconnut le Christ ressuscité, crut en Lui comme Sauveur, et soumit sa vie désormais à sa Seigneurie absolue.

A partir de ce jour-là, le cœur de Saul déborda de gratitude envers Dieu qui par la grâce l'avait fait sortir des ténèbres de l'ignorance spirituelle, pour l'installer dans la glorieuse lumière de la connaissance du Christ. Bien que pécheur et ennemi de Dieu, il était maintenant réconcilié, non pas en vertu de ses propres bonnes œuvres, mais à cause de ce que Dieu avait fait pour lui en Christ. Par la foi dans le Seigneur Jésus, Saul avait été pardonné, et pouvait prendre sa place parmi les rachetés de Dieu.

Quelque temps après sa conversion, Saul décida que son deuxième nom Paul était désormais plus adapté à sa nouvelle vie. Le Saul nom signifiait «destructeur» et c'est ce qu'il était autrefois, alors que le nom de Paul signifie «travailleur» et c'est certainement ce qu'il était devenu. Par la grâce de Dieu Paul reçut un ministère, quelque chose pour lequel il fut toujours reconnaissant (1 Tim. 1:12), même s'il se toujours considérait comme en étant indigne (Éph. 3:8). La vie de Paul illustre la grâce de Dieu, qui transforme ce qui est inutile, non rentable, et récalcitrant en serviteurs de Dieu de grande valeur.

Une expérience similaire de la grâce divine a été observée dans la vie de l'Anglais John Newton. Avant sa conversion, Newton était marchand d'esclaves, blasphémateur, et un violeur avoué. Pourtant, après sa rencontre avec Dieu, Newton a été changé, en servant Dieu et en donnant son appui au mouvement pour l'abolition de l'esclavage. Ayant été beaucoup pardonné, il a beaucoup aimé, et a été inspiré pour écrire:

Grâce Merveilleuse! Qu'il est doux ce chant, Qui a sauvé un misérable comme moi.

J'étais perdu, mais maintenant j'ai été retrouvé, J'étais aveugle, mais maintenant je vois.

Dans l'Épitre aux Éphésiens, Paul explore les grandes doctrines de la grâce de Dieu, doctrines qui lui devinrent précieuses par expérience personnelle. Que Dieu permette que, lors de notre étude de ces doctrines, non seulement que notre compréhension aille augmentant, mais que nos cœurs puissent être à nouveau touchés pour rendre un culte à Celui qui nous a sauvés par Sa grâce.

Introduction

L'auteur et la date de Composition

L'auteur de cette épître est Paul, autrefois Saul le persécuteur, qui avait été sauvé par la grâce de Dieu et appelé à être apôtre. Plusieurs références dans le texte précisent que l'épître a été écrite pendant l'emprisonnement de Paul après son arrestation à Jérusalem, et très probablement de Rome même, entre l'an 62 et l'an 64 après J.-C.

Contexte

Nous prenons connaissance de la première visite de Paul à Éphèse dans Actes 18:19-21. On nous dit seulement que Paul prêchait et raisonnait avec les Juifs dans la synagogue, mais aucun autre détail ne nous est donné, par exemple combien de personnes avaient cru, ou si une église avait été fondée à cette époque.

Les compagnons de voyage de Paul, et ses assistants dans le ministère, Priscille et Aquilas, sont demeurés à Éphèse alors Paul a poursuivi son voyage à Antioche en passant par Jérusalem. Il est clair que le couple missionnaire a continué d'adorer à la synagogue durant leur séjour, car quand Apollos est arrivé à Éphèse, Priscille et Aquilas l'ont entendu prêcher Jésus-Christ dans la synagogue, et ainsi ils l'ont invité chez eux pour l'instruire davantage dans la foi chrétienne (Actes 18:26).

Pourtant, malgré tous ces efforts missionnaires, quand Paul est revenu à Éphèse, il n'a trouvé qu'un groupe de douze croyants qui avaient pris le baptême de la repentance proclamé par Jean le Baptiste. Après quelques instructions complémentaires de Paul, ces croyants n'étaient pas seulement établis dans la foi chrétienne, mais également habilités à être des témoins du Christ par le baptême de l'Esprit Saint (Actes 19:1–7). Ainsi l'église d'Éphèse a enfin commencé pour de bon, ayant Paul comme son père spirituel.

Paul y est resté pendant plus de trois mois à prêcher dans la synagogue, avant d'être forcé par l'incrédulité et l'opposition de certains des Juifs, de s'en aller à cause des croyants. A partir de ce moment-là, ils ont tenu leurs réunions dans une salle de conférences locale, l'école de Tyrannus (Actes 19:9).

De ce local sans prétention la Parole de Dieu se répandit dans toute la région de l'Asie Mineure, car Paul y a consacré deux ans à la prédication de la Parole de Dieu (Actes 19:10). Pendant ce temps, Dieu faisait des miracles extraordinaires par les mains de Paul pour confirmer la Parole de sa grâce (Actes 19:11–12).

Tels étaient la réussite et le progrès de la foi nouvelle dans la région que les orfèvres, qui tiraient une grande partie de leurs gains par l'idolâtrie, provoquèrent une émeute dans la ville; leur colère étant plus motivée par la perte de profit que pour l'honneur de leurs dieux (Actes 19:23–41). La nouvelle église résista courageusement à l'épreuve de cette persécution, et elle continua de prospérer après le départ de Paul pour Corinthe.

Le fait que l'église continua de progresser dans la foi chrétienne après le départ de Paul peut être déduit du fait que cette lettre ne contient pas de reproches directs ni de réprimandes. Puisque, dans ce sens, tout allait bien à Éphèse, l'épître de Paul a été écrite principalement pour édifier les croyants dans la foi et dans les enseignements de Jésus-Christ. Ce travail d'édification et d'enseignement est ce sur quoi Paul a demandé plus tard à Timothée de se concentrer pendant son séjour à Éphèse:

Comme je t'ai exhorté quand je suis allé en Macédoine - demeure à Éphèse pour que tu ordonnes à certains de n'enseigner aucune autre doctrine, ni de s'attacher à des fables et des généalogies sans fin, qui provoquent des conflits plutôt que de l'édification pieuse qui est dans la foi. (1 Tim. 1:3–4).

Le fait que Paul a envoyé son jeune fils dans la foi, Timothée, de son propre aveu le meilleur homme qu'il avait dans le ministère (Phil. 2:20), pour servir de pasteur à l'église d'Ephèse, est une indication claire à la fois de sa préoccupation pour la région, et de sa conviction que la ville était un centre de grande importance stratégique pour le travail de l'Evangile en Asie Mineure. Nul doute que Paul s'attendait à ce que Éphèse fût un exemple pour les autres églises qui surgiraient partout dans la région; une responsabilité qui ne s'était pas avérée, comme on a pu le constater (Apocalypse 2:1–7).

Résumé du Contenu

Comme c'est le cas avec tous les écrits de Paul, l'épître aux Éphésiens est essentiellement centré sur le Christ. Le nom du Christ survient pas moins de quarante-sept fois et la description préférée des croyants comme étant, en Christ, est une expression qui se produit au moins quatorze fois. Tout au long de l'épître Paul exalte le nom et la personne du Seigneur Jésus-Christ, en particulier à l'égard de sa relation avec l'Église, dont il est le chef et le Seigneur absolu.

Paul commence par magnifier Dieu pour les grandes choses qu'il a faites pour tous les croyants. Il le fait en comparant ce qu'ils étaient en dehors de Christ (avant leur conversion), avec ce qu'ils sont aujourd'hui en Christ. Il révèle comment Dieu a pourvu au salut de tous les hommes, par sa grâce; un salut qui est disponible pour chaque homme et chaque femme, sans distinction de race, qu'il soit Juif ou Gentil.

Paul avait de bonnes raisons de rendre grâces à Dieu, car non seulement il avait vécu la grâce de Dieu dans toute sa profondeur et sa plénitude, mais aussi Dieu lui a révélé comment cette grâce opère dans notre homme intérieur, le plan de la grâce, plan aux nombreuses facettes, que Dieu avait préparé avant le commencement de la création.

Bien qu'il ne l'eût pas connu à l'époque, Paul comprit maintenant qu'avant sa conversion, il avait été asservi par le péché et Satan

«le prince de la puissance de l'air». En vertu de son union avec le Christ, Paul a été libéré des puissances du mal afin de pouvoir marcher dans la puissance de l'Esprit Saint. Comme un soldat bien armé, Dieu lui donna les moyens de la victoire constante sur tous ses ennemis spirituels.

Bien que débordante d'enseignement centré sur le Christ, la lettre coule de la plus haute doxologie à la plus pratique des exhortations. Par exemple, à Paul ont été révélés le mystère de l'Eglise comme Corps du Christ et l'union mystique du Christ comme Tête de ce Corps. Pourtant, la section complexe du chapitre cinq, qui compare cette relation du Christ avec son Église à celle d'un mari avec femme, passe de façon presque inaperçue et transparente d'une déclaration noble et vénérable de la prééminence du Christ à une leçon pratique pour les couples mariés.

Sur la base de son enseignement, Paul procède à une application caractéristique de la vérité à la vie de ses lecteurs. Ces applications prennent la forme de réciprocité. Il écrit, en effet, que *«puisque vous êtes maintenant en Christ* ou *«puisque le Christ a fait cela pour vous»*, *«vous devez maintenant réagir et lui répondre.»* Pour Paul, l'obéissance est toujours la réponse qui découle de notre expérience de la grâce (faveur imméritée) de Dieu. Elle n'est pas le moyen pour mériter notre acceptation par Lui.

Comme avec toutes les épîtres de Paul, celle aux Éphésiens est essentiellement de nature pastorale. En particulier, Paul prend soin d'assurer les croyants de ses prières constantes et de ses préoccupations personnelles. Ses observations révèlent une profonde préoccupation pour l'église qui, comme il le dit aux Corinthiens (2 Cor. 11:28), est restée en tout temps sur son cœur. Par ses écrits pastoraux Paul cherche à édifier les croyants par l'enseignement spirituel. Il les encourage et les avertit avec l'instruction pieuse. Il les réconforte par l'assurance de son amour constant et ses prières.

Chapitre 1. Éphésiens 1:1–14. Le dessein éternel de Dieu en Christ.

Salutations.

1. Paul, apôtre du Christ Jésus par la volonté de Dieu, aux saints qui sont à Éphèse, aux fidèles en Christ Jésus.

Paul avait été choisi par Dieu pour être apôtre de Jésus-Christ, un messager ou héraut envoyé par Lui avec l'autorité de prêcher et d'enseigner en son nom. Paul souligne qu'il n'avait pas été commandé par l'église, et il ne s'était pas auto-proclamé, mais plutôt qu'il avait été choisi «par la volonté de Dieu» pour proclamer l'Évangile.

Que sa vocation lui venait directement de Dieu, sans intermédiaire humain, est un point que fait souvent Paul dans ses épîtres, par exemple aux Galates, il se déclare, *«apôtre, non de la part des d'hommes, ni par un homme, mais par Jésus-Christ et par Dieu le Père qui l'a ressuscité d'entre les morts»* (Gal. 1:1 Version Louis Second Révisée).

Paul s'adresse aux chrétiens d'Ephèse comme des saints ou mis à part, car ils sont parmi ceux qui sont choisis et mis à part pour Dieu. Ils sont sanctifiés par leur foi en Jésus-Christ. Ils sont fidèles, non seulement parce qu'ils ont cru en Jésus-Christ, mais aussi parce qu'ils tenaient encore fermes dans la foi au moment de la rédaction de cette lettre par Paul. Alors que la lettre était initialement destinée aux croyants d'Éphèse, son enseignement s'applique à tous les chrétiens, en tout lieu, à travers tous les temps.

2. A vous la grâce et la paix de par Dieu notre Père et du Seigneur Jésus-Christ.

Paul salue les croyants, selon sa coutume, en affirmant son souhait que la grâce de Dieu (Sa faveur imméritée), et la paix de Dieu (la plénitude et le repos spirituel), puissent leur être donnés par Dieu le Père à travers le Seigneur Jésus-Christ (1 Tim. 2:5). Au tout début cette lettre qui met l'accent sur la grâce de Dieu, Paul fait comprendre qu'il y a un seul médiateur entre Dieu et les hommes. Le Seigneur Jésus-Christ est le canal unique par lequel la grâce de Dieu coule vers la race humaine. L'apôtre Jean écrit que la grâce et la vérité sont venues à nous *«par Jésus-Christ»* (Jean 1:17).

Que la grâce de Dieu est offerte à l'homme en la personne de Son Fils a d'abord été révélé à un groupe d'humbles bergers qui veillaient dans les champs de Bethléem, par une armée d'anges qui ont annoncé que Sa naissance apportait la *«paix sur la terre parmi les hommes qu'il agrée!»* (Luc 2:14). C'est parce que Dieu a aimé le monde qu'Il a donné Son Fils unique, afin que quiconque croit en Lui et le reçoit dans son cœur puisse faire l'expérience de l'amour et le pardon immérité qui sont impliqués dans le mot «grâce».

Ayant terminé ses salutations, Paul, presque sans pause, procède à démontrer que, par le Christ, nous avons reçu *«grâce sur grâce»* (Jean 1:16), et une *«abondance de la grâce»* (Rom. 5:17). Il est important de noter que Paul se réfère à Dieu non pas comme *«le»* Père, mais comme *«notre»* Père. Après avoir reçu la grâce de Dieu à travers Son Fils Jésus Christ, tout croyant est un enfant de Dieu, né de son Esprit. Par Sa grâce, nous avons droit à tous les privilèges que confère l'appartenance à sa famille. Ces privilèges sont qualifiés par Paul comme *«bénédictions»* - les bénédictions de la grâce de Dieu.

Bénis de Toute Bénédiction.

> *3. Béni soit le Dieu et Père de notre Seigneur Jésus Christ, qui nous a bénis de toute bénédiction spirituelle dans les lieux célestes en Christ.*

Celui qui donne un don est toujours plus grand que le don lui-même. Puisque Dieu est la source de toutes les bénédictions, Il doit être béni et loué pour ce qu'il nous a librement donné dans le Christ. Paul exalte Dieu pour la mesure de sa bénédiction répandue sur tous les croyants - une plénitude qui comprend toutes les bénédictions possibles.

Si ses bénédictions sont si grandes, et si librement accordées, quelle est la grandeur de Dieu, et Sa générosité? Son but en prodiguant ses bénédictions sur nous avec abondance, c'est qu'il puisse apporter la louange la plus élevée à «sa gloire», qui est Sa personne, ce qu'Il est. Car la gloire de Dieu c'est Son essence et Sa nature. Dieu est le Père de notre Seigneur Jésus-Christ, et tout ce que Dieu nous donne c'est «*en*» et «*par*» son Fils, afin que le Fils puisse avoir la prééminence en toutes choses (Col. 1:18). Dieu nous a bénis (nous donne un avantage, quelque chose pour notre bien) avec toutes les bénédictions spirituelles en Christ. Il ne nous a pas privés d'une seule chose. Puisqu'Il a investi tout ce qu'Il a en son Fils, alors avoir le Fils c'est avoir toutes choses.

Lui qui n'a pas épargné son propre Fils, mais l'a livré pour nous tous, comment ne nous donnera-t-il pas aussi tout avec lui, par grâce? (Rom. 8:32)

Le Christ est la plénitude de Dieu et nous partageons sa plénitude. Tout ce que Dieu est, et tout ce qu'Il possède, est nôtre en Christ (Col. 2:9–10).

Puisque, comme le souligne Bruce, le verbe «*bénis*» est au passé, il indique une action achevée. Dieu a béni chaque croyant parfaitement, une fois pour toutes. Les mots «lieux célestes» font référence au royaume éternel et spirituel, où le Christ est maintenant assis à la droite de Dieu. Ceux qui sont en Christ ont part à toutes les bénédictions de Sa position exaltée, car Dieu «*nous a ressuscités ensemble et fait asseoir ensemble dans les lieux célestes en Christ-Jésus*» (Éph. 2:6). Comme Paul l'écrit aux Philippiens: «*Notre citoyenneté est dans les cieux*» (Phil. 3:20).

Bruce écrit: *Parce que le Christ … est maintenant élevé dans les lieux célestes, ceux qui sont en Lui appartiennent à ces lieux célestes aussi. (F. F. Bruce, L'Épître aux Éphésiens, 1961).*

En conséquence, les croyants peuvent quotidiennement avoir un avant-goût de la gloire céleste à venir. Même si nous vivons dans ce monde ici-bas, nous ne sommes pas de ce monde (Jean 17:16), car le Christ notre Seigneur a une nature éternelle et céleste, et nous sommes nés de nouveau pour avoir part à Sa nature (2 Pierre 1:4).

La Bénédiction de l'Élection.

> 4. *Tout comme Il nous a choisis en Christ avant la fondation du monde pour être saints et irréprochables devant lui en amour.*

Un meilleure traduction pourrait être, «d*ans Son amour, Il nous a choisis avant la fondation du monde.*» Paul nous raconte d'abord pourquoi Dieu nous a choisis et a déversé Ses bénédictions sur nous: c'est parce qu'il nous aime (Rom. 5:8) .L'amour de Dieu est le motif de tout ce qu'Il a fait pour nous accorder les avantages énumérés dans les versets suivants.

Ayant établi pourquoi le choix a été fait (à cause de son amour pour nous), Paul nous dit ensuite *quand* cela a été fait - «*avant la fondation du monde».* Avant que le monde ne fut formé, Dieu avait un plan pour le salut de l'humanité, et il avait déterminé en Lui-même que tous ceux qui recevraient Jésus-Christ son fils, recevraient les mêmes droits en tant que Ses fils. Paul souligne que notre salut, et le plan de Dieu, prend sa racine et son origine en Dieu. Puisque Dieu est éternel, Son plan de nous choisir, basé sur Sa grâce, est nécessairement éternel. Comme le Bruce dit:

«Pour autant qu'il s'agit de l'expérience personnelle des croyants, leur entrée dans la relation décrite par les mots «en Christ» a eu lieu quand ils sont nés d'en haut. Mais du point de vue de Dieu, cet événement n'a pas de limitation temporelle. Ceux qu'il choisit font l'objet de son choix éternel et ce choix éternel est si complètement lié à la personne du Christ qu'ils sont décrits comme en Christ avant la création du cosmos. Voici un mystère devant lequel nous ferions bien de reconnaître les limites de notre propre intelligence.»

Le fait que nous sommes devenus enfants de Dieu, nous sommes saints et irrépréhensibles devant lui. Dieu a fait du croyant un saint une fois pour toutes à ses yeux par la mort de Christ (Hébreux 10:10). Les mots «sans blâme» indiquent la suppression de toute culpabilité. C'est encore ce que Dieu a accompli par le sacrifice du Christ une fois pour toutes (Hébreux 9:14).

La Bénédiction de la Conformité.

5. Nous ayant prédestinés à l'adoption comme fils par Jésus-Christ Lui-même, selon le bon plaisir de Sa volonté.

Le mot utilisé pour prédestinés est *«proorizo»*, dont Vine écrit:

Ce verbe est à distinguer de «proginosko», connaître d'avance, ce dernier se réfère en particulier aux personnes prédestinées par Dieu; «proorizo» a une signification particulière à ce à quoi les sujets de Sa prescience sont prédestinés. (W. E. Vine, Dictionnaire Expositoire, 1940).

Ainsi, ceux à qui ce verset se réfère sont ceux que Dieu a déterminés à devenir ses fils, non la base sur laquelle ils sont élus, mais l'état futur pour lequel Il les a prédéterminés. Dieu a prédestiné que tout croyant en Jésus-Christ sera conforme à l'image de Jésus. Cette œuvre de la grâce commence lorsque nous naissons de nouveau, et elle se poursuit jour après jour. Le but de Dieu étant que nous puissions démontrer le fruit concret de la sainteté dans notre vie quotidienne. Ceux qui sont considérés comme saints aux yeux de Dieu doivent le démontrer par une vie sainte, car l'Écriture déclare que la volonté de Dieu c'est notre entière sanctification, comme c'est exprimé dans 1 Thessaloniciens 5:23: *«Que le Dieu de paix vous sanctifie lui-même tout entiers»*, et dans 1 Thessaloniciens 4:3, *«ce que Dieu veut, c'est votre sanctification»*. Pierre écrit également: *«Vous serez saints, car je suis saint»* (1 Pierre. 1:16).

Le processus de la sanctification dans la vie d'un croyant atteindra sa plénitude quand Jésus-Christ reviendra. En ce jour, les corps des croyants morts seront ressuscités, et ceux des vivants seront changés, de sorte que nous serons tous *«comme lui»*. Ceci, en définitive, est ce qu'on entend par l'expression «l'adoption des fils» qui signifie littéralement *«donner sa place à son fils»* (Phil. 1:6 et 1 Jean 3:2).

Comme le dit Bruce: *«Ceux qui sont en Christ doivent devenir comme le Christ dans une mesure croissante ici- bas et dans la plénitude ci-après.»*

Le but ultime est «selon le bon plaisir de Sa volonté». Dieu a toujours mis son affection en son fils unique (Matthieu 3:17), et le fait que nous porterons cette image précieuse de Jésus pour l'éternité Lui apportera une joie infinie.

> 6. *À la louange de sa grâce glorieuse qu'il nous a accordée dans le Bien-Aimé.*

Le but de faire de nous Ses enfants sera «*à la louange de Sa grâce glorieuse*». La grâce de Dieu peut être décrite comme glorieuse de deux manières. Premièrement, parce qu'elle émane de Son être glorieux, et deuxièmement parce qu'elle produit un changement si glorieux dans la vie de ceux qui la reçoivent!

En 2 Cor. 3: 7–18 Paul la décrit comme la gloire qui excelle, et qui demeurera éternellement. C'est le pouvoir qui transforme les pécheurs impuissants en enfants de Dieu, les faisant partager Sa ressemblance. Lorsque nous porterons finalement l'image de Dieu parfaitement, nous ne cesserons jamais de le louer pour ce qu'Il a fait pour nous!

«La grâce de Dieu, en rachetant les enfants pécheurs d'Adam et en les adopter comme ses propres fils, sera pour l'éternité le thème le plus glorieux de la louange à Son nom.» (F. F. Bruce).

Toutes les bénédictions de Dieu nous sont gratuitement accordées à travers le Fils bien-aimé. Les mots utilisés dans certaines traductions «*Il nous a acceptés dans le Bien-Aimé*» sont mieux traduits dans la New Révise Standard Version. Le verbe utilisé pour «*accepter*» signifie simplement «*gracier*», ou «*favoriser par la grâce*». En d'autres termes, conférer librement et sans aucun mérite de notre part. Nous recevons *toutes* les bénédictions de Dieu, sans les mériter et sans réserve, lorsque nous recevons le Christ.

La Bénédiction de la Rédemption.

7. En Lui nous avons la rédemption par Son sang, la rémission des péchés, selon la richesse de Sa grâce.

Avant de recevoir Christ, nous étions dans l'esclavage du péché, ce qui aboutit à la mort (Romains 6:23). Selon la loi de l'Ancien Testament, pour la libération d'un esclave, une rançon ou un prix de rachat devait être payé. Après le paiement de la rançon, l'esclave appartenait à celui qui avait payé le prix. Le payeur était alors en mesure d'accorder la liberté à l'esclave. Christ a payé le prix pour nous libérer, avec son précieux sang (1 Pierre 3:18). Puisqu'il a fait cela pour nous, nous appartenons désormais à Lui (1 Cor. 6:20), et étant à lui, nous sommes réellement libres (Jean 8:36).

Puisque le Seigneur Jésus-Christ est mort pour ôter le péché du monde entier (voir Jean 1:29 et 1 Jean 2:2), Il a payé le prix de rachat de tous les hommes, mais seulement ceux qui le reçoivent comme Sauveur sont rachetés et reçoivent le bénéfice de ce qu'Il a fait pour eux.

La rédemption est le thème du livre de Ruth dans l'Ancien Testament. Ruth était une Moabite qui avait épousé un Israélite avant de devenir veuve. Comme c'était la coutume selon la loi de Moïse, Ruth était considérée comme la propriété de son défunt mari, Mahlon, et toute réclamation faite par un parent sur la succession du défunt devait inclure une offre de mariage à Ruth. Seul un proche parent pouvait racheter la succession, et Ruth avec, afin de conserver la propriété du mari et ses terres dans la lignée familiale. Ruth et la propriété furent rachetées par le riche et pieux Boaz. Le rachat de Ruth eut pour résultat son appartenance à tout jamais à cette famille et cela lui conféra un héritage durable. Cela lui apporta une grande joie et la pleine assurance de son acceptation dans la république d'Israël. Elle est inscrite comme l'un des ancêtres du Seigneur Jésus-Christ (Matthieu 1:5).

De la même manière, en nous rachetant, le Christ nous a donné un héritage éternel et a fait de nous des membres de la famille de Dieu à jamais, afin que nous puissions avoir les pleins droits des fils et la pleine assurance de Lui appartenir pour toujours.

Ruth appartenait comme une femme aimée, non pas comme une esclave, à celui qui l'avait rachetée. Ainsi, nous appartenons à Christ, non pas comme des esclaves, mais comme l'épouse aimée de l'époux céleste qui a donné son sang pour nous racheter. Le croyant n'est plus esclave du péché (Rom. 6:6). Ayant été racheté par le Christ, le croyant est libre de «*marcher en nouveauté de vie*» (Rom. 6:4).

Le pardon est une bénédiction qui est étroitement liée à la rédemption, car comme Jésus le dit dans Matthieu 26:28, «*ceci est mon sang, le sang de la Nouvelle Alliance, qui est répandu pour plusieurs pour la rémission des péchés*».

Le pardon est l'apanage de Dieu, car tout péché est commis contre Lui seul, et c'est une offense à Sa nature. Comme le psalmiste David l'a dit:

«J'ai péché contre toi, contre toi seul, et j'ai fait le mal à tes yeux.» (Psaume 51:6)

Puisque Dieu est la partie offensée, seul Dieu peut pardonner nos péchés. Mais, heureusement, il prend plaisir à le faire.

«Car Toi, Seigneur, tu es bon et clément, Riche en bienveillance pour tous ceux qui t'invoquent.» (Psaume 86:5)

Encore et encore, pendant son ministère sur cette terre, le Seigneur Jésus a insisté sur notre besoin de pardon, et il a gratuitement pardonné à tous ceux qui le cherchaient dans la repentance et la foi. Ce qu'il a dit à un homme paralysé (Luc 5:20), et à 'une femme pécheresse' (Luc 7:48), Il le dit encore à tous ceux qui croient en Lui comme Sauveur et Seigneur: «*Tes péchés sont pardonnés.*» (Voir aussi 1 Jean 2:12).

Le pardon peut être comparé à «l'ardoise propre». Il y a quelques années de cela, quand les gens étaient généralement plus pauvres, l'épicier du coin tenait une ardoise sur laquelle il écrivit à la craie les montants qui lui étaient dus pour les produits alimentaires qu'il avait vendus à crédit. Après le règlement intégral des sommes dues, l'ardoise était essuyée. Quelle bénédiction de constater que sur l'ardoise de Dieu, il n'y a plus rien à payer, car Jésus a tout payé! C'est pourquoi Dieu a dit:

«Et je ne me souviendrai plus de leurs péchés ni de leurs iniquités.» *(Hébreux 10:17)*

L'Écriture décrit Dieu comme Celui qui jette nos péchés «*au fond de la mer*» (Michée 7:19), et les éloigne de nous complètement, «*Autant l'orient est éloigné de l'occident*» (Psaume 103:12). Le pardon de Dieu est complet et définitif, et Il l'accorde gratuitement par la grâce à tous ceux qui placent leur confiance en Christ.

La Bénédiction de la Révélation.

> *8–9. Que Dieu a répandue abondamment sur nous en toute sagesse et intelligence. Il nous a fait connaître le mystère de sa volonté, le dessein bienveillant qu'Il s'était proposé en Lui.*

La grâce de Dieu a été librement répandue abondamment sur

nous selon Sa sagesse et Son plan. Ce plan est appelé un «mystère» car il n'était pas préalablement connu des hommes, mais seulement de Dieu. Toutefois, maintenant Dieu a révélé son plan à travers l'Evangile, et en tant que peuple de Dieu nous avons une compréhension de ce «*mystère*», et donc de la sagesse de Dieu, par l'Esprit Saint (1 Cor. 2:7–10.).

Le but de Dieu avant la fondation du monde était de sauver les hommes et les femmes par la mort du Christ et sa résurrection. Personne n'aurait pu comprendre ce plan avant la venue de Christ, mais maintenant que toutes choses ont été accomplies pour notre salut, l'évangile peut être prêché pour que tous puissent croire et être sauvés.

> *10. Pour exécuter quand les temps seraient accomplis: réunir sous un seul chef, le Christ, tout ce qui est dans les cieux et ce qui est sur la terre.*

Dieu a décidé que son fils sera le Seigneur souverain sur toute la création. Pour *«réunir toutes choses en Christ»* ne signifie pas que tous seront sauvés, mais plutôt que toutes choses seront soumis à un seul chef - le Christ, qui sera le maître absolu sur toutes choses.

Grâce à l'Evangile, Dieu met déjà ce plan en vigueur, et il sera achevé lorsque le temps fixé sera venu. Chaque fois que les croyants se soumettent à la Seigneurie du Christ, ils montrent l'accomplissement actuel de dessein éternel de Dieu, qui ne sera pleinement réalisé que lorsque tout l'univers fléchira le genou et confessera que Jésus Christ est Seigneur (Phil. 2:10–11).

La Bénédiction de l'Adoption.

> *11. En Lui, nous avons aussi été mis à part, prédestinés selon le plan de celui qui opère tout selon la décision de sa volonté.*

24

Au lieu de «*nous avons obtenu un héritage*», le texte peut être lu «*nous sommes devenus l'héritage de Dieu*», sa possession spéciale (Deut. 32:9). En tant que croyants en Christ, nous avons été adoptés comme ses enfants et admis à la communauté de son peuple élu.

De toute éternité Dieu était déterminé à constituer son peuple, de chaque tribu et de chaque nation. Cet objectif a été accompli en Christ. Chaque fois que quelqu'un croit au Seigneur Jésus Christ, il fait partie du peuple de Dieu, conformément à l'intention de Dieu *avant la fondation du monde*.

Le mot «prédestiné» se réfère à la prescience de Dieu, qui est un des aspects de son omniscience. Paul ne veut pas dire que Dieu élit les hommes par Son propre choix prédéterminé, sans tenir compte de la responsabilité humaine. Dieu n'a jamais choisi arbitrairement les uns pour hériter la vie et les autres la mort, car il offre la vie éternelle à «*quiconque croit*» (Jean 3:16). Mais alors que les croyants parviennent à connaître Dieu à un certain moment dans leur vie, Dieu ne parvient pas à connaître quelque chose. Il sait déjà tout, et Il nous a personnellement connus avant même qu'Il nous a créés; car la connaissance de Dieu est absolue. Par conséquent, comme le fait remarquer Vine, «la prescience de Dieu implique sa grâce d'élire, mais cela n'exclut pas la volonté humaine. Il sait à l'avance que l'exercice de la foi qui apporte le salut.»

Quand Dieu décide de faire quelque chose, toute sa sagesse, son amour et son pouvoir s'unissent pour réaliser ce qu'il souhaite faire. Même le péché des hommes peut être transformé par lui pour servir ses propres fins. En particulier, ce péché des péchés, la crucifixion du Sauveur par l'homme, a été transformée par Dieu pour devenir le moyen par lequel nous pouvons entrer dans les bénédictions de Dieu (Actes 2:23).

12. Afin que nous servions à célébrer sa gloire, nous qui d'avance avons espéré en Christ.

Ceux qui «*d'avance ont espéré*», ne sont pas les premières personnes à devenir chrétiens. Plutôt, la référence est à ceux qui croient la Parole de Dieu avant de voir son accomplissement.

Nous ne sommes pas encore vu la pleine réalisation du dessein de Dieu - le Christ régnant sur l'univers comme le Seigneur de tous - mais nous avons cru en Lui comme Seigneur et Lui avons fait confiance en tant que Sauveur. Ceux qui ont accepté Christ par la foi partagent Ses bénédictions maintenant, et j'ai hâte de voir le jour où ils partageront certainement sa gloire. Le fait que nous serons dans le ciel sera «*à la louange de sa gloire*», et ce sera notre joie et devoir éternel de proclamer sa louange glorieuse.

13–14. En lui, vous aussi, après avoir entendu la parole de la vérité, l'Evangile de votre salut, en lui, vous avez cru et vous avez été scellés du Saint-Esprit qui avait été promis, qui est le gage de notre héritage, en vue de la rédemption de ceux que \Dieu s'est acquis pour la louange de sa gloire.

Nous sommes devenus partie intégrante du peuple élu de Dieu lorsque nous avons cru la Parole de Vérité, le message de l'Evangile qui nous a apporté le salut (1 Cor. 15:1–4. & 1 Thessaloniciens 2:13.). Après avoir été sauvés, nous avons reçu du Christ le Saint-Esprit, comme Dieu l'avait promis (Actes 1:4–5). Tout comme un propriétaire marque sa propriété de son sceau pour la designer comme la sienne, de la même manière le fait que, comme croyants, nous avons reçu l'Esprit Saint est un gage que nous appartenons à Dieu.

Dans le cas des premiers croyants d'Éphèse, cette réception de l'Esprit Saint a eu lieu après l'instruction et la prière de Paul (Actes 19:6). Des détails ne sont pas donnés au sujet des effusions ultérieures de l'Esprit sur ceux qui ont été convertis plus tard sous le ministère de Paul, mais il est clair qu'eux aussi avaient reçu l'Esprit Saint. L'Eglise primitive s'attendait que chaque croyant reçoive cette effusion, accompagnée comme il l'a toujours été par une preuve miraculeuse de *«parler en langues et de prophétie»*, et il a certainement été la pratique de Paul, et de Pierre et Jean, de prier avec les nouveaux convertis, peu après la conversion, afin qu'ils reçoivent l'Esprit Saint.

Il est fort possible qu'au moment de la rédaction de la lettre par Paul, il y avait certains dans l'église qui étaient récemment convertis et que, comme les Samaritains, *«le Saint-Esprit n'était pas encore descendu sur eux.»* Il se pourrait même, comme avec les premiers croyants d'Éphèse, qu'il y avait certains qui n'avaient pas encore été pleinement instruits au sujet de l'Esprit Saint. Néanmoins, nous remarquons que Paul les inclut dans son enseignement pour être «scellés par l'Esprit Saint». Il était impensable qu'un croyant en Jésus-Christ ne recevrait pas, quelque temps après la conversion, la *«promesse du Père»*.

Telle devrait être l'attente des serviteurs de Dieu aujourd'hui. Dieu a promis de répandre Son Esprit sur toute chair, en gardant à l'esprit les conditions précisées par Pierre le jour de la Pentecôte:

Repentez-vous, et que chacun de vous soit baptisé au nom de Jésus-Christ pour la rémission des péchés, et vous recevrez le don du Saint Esprit (Actes 2:38).

Il n'y a jamais eu de promesse différente pour les chrétiens dans les diverses «époques» ou «dispensations», mais *«le même don qu'Il nous a donné*» (Actes 11:17).

Pour Paul, c'était une question d'une grande importance théologique que le don de l'Esprit Saint n'était pour une poignée de privilégiés, mais pour toute l'Église du Christ.

Le mot «*arrhes*» ou «*gage*» utilisé pour décrire le Saint- Esprit, se traduirait en grec moderne par «*une bague de fiançailles*». L'anneau est la promesse, qu'à un moment donné, le futur mari viendra prendre son épouse pour l'emmener chez lui. Ils appartiennent déjà à l'autre, mais ils ne sont pas encore entrés dans la plénitude de leur relation de couple.

Ainsi Dieu nous a donné l'Esprit Saint comme le gage que nous sommes à Lui, et comme la garantie que le Christ viendra nous prendre pour être avec Lui, pour que nous puissions entrer pleinement dans toutes les bénédictions de notre relation avec Lui. Non seulement allons-nous entrer dans son repos, mais il doit prendre possession et la jouissance de son propre peuple, qui sont «*à la louange de sa gloire*».

Le fait que Dieu aura sa demeure parmi ceux qu'Il a rachetés, et que nous sommes à Lui et Il est à nous, sera le thème inépuisable de notre adoration et le sujet de nos plus grandes louanges de son être Tout-Puissant - Sa gloire (Apocalypse 21:3).

Chapitre 2. Éphésiens 1:15–23. Mieux Connaître Dieu.

Dans le chapitre précédent nous avons vu comment Dieu nous a béni de toute bénédiction spirituelle dans les lieux célestes en Christ, et que ces bénédictions sont pour chaque croyant. L'enseignement de Paul dans cette épître n'est pas limité à un seul lieu ni à une seule époque. Tout comme nous partageons la position spirituelle privilégiée dont jouissaient les croyants d'Éphèse, ainsi les bonnes choses que Paul demande dans ses prières pour les Éphésiens, Dieu veut que nous les recevions aussi.

Mieux Connaître Dieu.

En tant que chrétiens, nous avons déjà une relation avec Dieu comme notre Père. Nous sommes devenus ses enfants quand nous avons reçu Jésus-Christ comme notre Seigneur et Sauveur (Jean 1:12). La prière de Paul est que nous puissions grandir dans notre foi pour connaître Dieu pleinement et intimement.

> *15–16. Donc moi aussi, ayant entendu parler de votre foi au Seigneur Jésus et de votre amour pour tous les saints, je ne cesse de rendre grâces pour vous, faisant mention de vous dans mes prières.*

Paul a passé deux ans à évangéliser l'ensemble de l'Asie Mineure depuis sa base d'Ephèse. Il n'a pas personnellement visité tous les villages de cette région, mais beaucoup de ses convertis l'ont fait. En outre, beaucoup de miracles extraordinaires qui ont été faits pendant ce temps ont aidé à la propagation de la Parole de Dieu jusque dans les régions périphériques de la province. Luc raconte:

Et Dieu fit des miracles extraordinaires par les mains de Paul, de sorte que lorsque les mouchoirs ou des tabliers qui avaient touché son corps ont été portés à des malades, leurs maladies les quittaient, et les esprits impurs sortirent d'eux (Actes 19:11–12).

Comme l'on pouvait s'y attendre, la nouvelle de ces événements incroyables se propagea rapidement. En conséquence, de nombreuses églises ont été fondées dans toute cette région. Le travail et le témoignage des nouveaux croyants ont continué après le départ de Paul, et de nombreux convertis ont été ajoutées à l'Eglise en son absence. Même si Paul n'avait jamais rencontré ces chrétiens, il avait entendu dire comment le travail se faisait et que les nouveaux croyants tenaient fermes dans la foi.

Des récits de leur amour pour les autres croyants étaient également parvenus jusqu'à Paul, et l'amour ne peut être remarqué par d'autres que quand il est démontré. Les croyants d'Ephèse n'avaient pas oublié de faire le bien et de partager avec leurs frères chrétiens en détresse, donnant ainsi des preuves de l'amour de Dieu dans leurs cœurs (1 Jean 3:17–18).

Paul rendait continuellement grâces à Dieu pour leur foi et leur amour, et priait avec ferveur pour leur croissance spirituelle, car même si, en tant que croyants, nous sommes bénis de toutes les bénédictions spirituelles, nous devons continuer de croître dans la grâce et la connaissance du Seigneur Jésus-Christ (2 Pierre 3:18).

Cette prière, ainsi que celles que nous lisons dans d'autres épîtres, révèle la vie de prière de Paul. Il était cohérent et bien organisé dans ses prières, et il avait de la persistance, tout comme Jésus avait exhorté ses disciples, c'est comme cela qu'on obtient des réponses de Dieu (Luc 11:5–8 & 18:1–8) .Une des raisons pour lesquelles Paul écrit si souvent de sa propre vie de prière c'est pour nous donner un exemple à suivre.

17. Que le Dieu de notre Seigneur Jésus-Christ, le Père de gloire, vous donne un esprit de sagesse et de révélation qui vous le fasse connaître.

Paul a demandé à Dieu de donner aux croyants «*un esprit de sagesse et de révélation pour qu'ils le connaissent*». Nous connaissons Christ comme notre Sauveur, mais Dieu veut que nous apprenions à le connaître mieux encore.

L'esprit naturel n'est pas en mesure de comprendre les choses de Dieu (1 Cor. 2:14). Seul notre esprit renouvelé peut avoir une communion avec Dieu par son Fils Jésus- Christ. Seul l'Esprit Saint, qui est Dieu et qui connaît Dieu parfaitement, est capable de Le révéler à nous.

Quand Paul dit aux croyants d'Ephèse qu'il priait pour eux afin qu'ils arrivent à mieux connaître Dieu, il entendait par là qu'ils le connaissent personnellement, et pas seulement des choses à son sujet. Nous ne pouvons pas connaître Dieu s'il ne se fait pas connaître à nous (Matthieu 16:16–17), et l'action de Dieu qui se fait connaître s'appelle la révélation. La sagesse est la connaissance qui nous permet de comprendre ce qui a été révélé. La prière de Paul révèle que la connaissance de Dieu n'est pas réservée pour quelques privilégiés. La volonté de Dieu pour tous les croyants, c'est qu'à travers la sagesse de Sa Parole et par l'illumination de l'Esprit Saint, nous puissions tous «mieux connaître» avec Dieu.

18. Qui illumine les yeux de votre cœur, afin que vous sachiez quelle est l'espérance qui s'attache à son appel, quelle est la glorieuse richesse de son héritage au milieu les saints.

Paul voulait que les croyants à comprennent pleinement ce que Dieu avait fait pour eux. «*L'espérance qui s'attache à son appel*» est ce que Dieu a fait pour nous par rapport à notre passé, notre présent et notre avenir. Il L'a choisi avant la fondation du monde pour que nous devenions conformes à son image, et quand nous le voyons, nous serons semblables à Lui car nous le verrons tel qu'il est (1 Jean 3:2). Ceci est notre objectif ultime - notre espérance.

«*Les glorieuses richesses de son héritage au milieu des saints*» est une référence tant à la gloire qui sera la nôtre parce que nous sommes sauvés, qu'à la gloire qui sera la sienne parce qu'Il nous a sauvés. Dieu veut que nous apprécions la grandeur de cette gloire quand Il nous révèlera à l'univers entier comme ses enfants, rachetés par Son sang, et partageant la ressemblance de Jésus; une communauté à travers laquelle Il sera glorifié à travers les âges et pour l'éternité.

La Prééminence du Christ.

> *19–20. Et quelle est l'infinie grandeur de Sa puissance envers nous qui croyons, selon l'action de sa grande puissance qu'il a déployée en Christ en le ressuscitant d'entre les morts.*

Nous pouvons connaître Dieu, car Sa puissance est à l'œuvre dans nos vies, la puissance qui a ressuscité Christ d'entre les morts et qui L'a élevé à la plus haute place dans l'univers.

Paul a du mal à trouver des mots qui décrivent adéquatement la puissance qui nous libère du péché, afin que nous puissions marcher en nouveauté de vie (Rom. 6:4). Il la décrit comme infiniment grande et puissante, mais un tel pouvoir ne peut être pleinement compris qu'en termes de ce qu'il a accompli. En ressuscitant Christ de la mort Dieu a déployé un pouvoir qui peut ressusciter des pécheurs de la mort spirituelle à la vie éternelle.

Il est important de noter le sens de l'argumentation de Paul. Il ne dit pas que, puisque Dieu avait le pouvoir de ressusciter le Christ, Il a également le pouvoir de nous sauver. Au contraire, c'est par l'action unique de Dieu de ressusciter le Christ d'entre les morts qu'Il nous a délivrés de nos péchés. Chaque acte individuel de salut est le résultat de l'acte unique de la mort du Christ et de sa résurrection. La résurrection du Christ a le potentiel de ressusciter tout pécheur pour le faire partager la vie de Dieu, et ce potentiel devient une réalité par tous ceux qui mettent leur foi en Lui.

Dans le chapitre deux Paul nous dit que Dieu nous a fait vivre spirituellement. Mais dans le premier chapitre, il nous raconte comment cela a été accompli: par la mort, la résurrection et l'exaltation du Seigneur Jésus-Christ (Jean 14:19). Quand nous recevons Christ par la foi, nous recevons ce qu'Il a déjà accompli pour nous par Sa mort, Sa résurrection et Son exaltation.

Beaucoup ont été ressuscités des morts pendant le ministère du Christ, mais ils sont morts de nouveau parce que leur nature n'avait pas été changée lors de leur résurrection. La résurrection du Christ était d'un ordre différent, car par la gloire du Père, Il a été ressuscite à la vie éternelle, la vie immortelle, que Lui seul pouvait atteindre et a obtenu (Rom. 6:4, «*la gloire de Dieu étant une référence à sa personne divine et la nature*). La résurrection du Christ diffère de tout autre de la manière suivante:

Le Seigneur Jésus-Christ a été ressuscité des morts pour ne plus mourir, il vit pour toujours (Romains 6:9).

Il a été ressuscité avec un corps spirituel, celui qui est adapté à une existence éternelle (1 Cor. 15:44).

Il a été ressuscité comme un esprit qui donne la vie (1 Cor. 15:45).

Dans cet état glorifié, en tant que Dieu et homme à la fois, il remplit toutes choses par Sa présence (Éph. 4:10).

Paul déduit que l'immortalité que le Christ a obtenue n'est pas pour lui seul, mais aussi pour tous ceux qui croient en Lui. Nous serons changés en un instant, en un clin d'œil, pour partager sa nature (1 Cor. 15:51–52.).

20. En le faisant asseoir à sa droite dans les lieux célestes.

La main droite de Dieu signifie la place d'honneur et d'autorité. C'est la position que notre Seigneur occupait avant son incarnation. Comme le Verbe éternel de Dieu Il a toujours été Dieu, et a toujours été avec Dieu (Jean 1:1–2). Mais maintenant il a repris son trône par le chemin de la croix, exalté en vertu de Son humiliation et son obéissance parfaite (Marc 16:19). Christ, qui est à la fois Dieu et homme, partage la gloire de Dieu comme le régent de Sa puissance. Il règne avec Dieu, comme Dieu, mais Il conserve son humanité glorifiée, afin de nous représenter dans le ciel comme notre médiateur, avocat et fidèle souverain sacrificateur. Le fait que Jésus-Christ est assis à la droite de Dieu démontre qu'il est le Seigneur de tous (Actes 2:36), et par conséquent, nous sommes assurés de Sa puissance pour sauver et garder les siens (Hébreux 7:25).

21. Au-dessus de toute principauté, puissance et force, la domination et de tout nom qui peut se nommer, non seulement dans le siècle présent, mais aussi dans celui à venir.

Le Seigneur Jésus-Christ n'est pas seulement au-dessus tout, mais de loin au-dessus tout. Le Rédempteur a reçu la souveraineté universelle. Le nom de Jésus est le plus exalté maintenant et il ne sera jamais égalé dans l'avenir (Phil. 2:9–11). Quels que soient les pouvoirs qui existent dans le ciel ou sur terre, ou dans le siècle à venir, ils doivent tous se soumettre à Son autorité (Matthieu 28:18).

Dans 1 Cor. 15h27 - 28, Paul donne une exception notable. Quand Dieu aura tout mis aux pieds de Son Fils, alors le Fils, dans un acte volontaire d'humilité, se soumettra lui-même au Père, afin que «*Dieu soit tout en tous.*» Le Christ est le maître absolu avec Dieu, mais jamais sans Dieu. On pourrait dire qu'il n'y a pas de hiérarchie dans la divinité, mais que grâce à l'amour éternel les personnes de la Trinité se soumettre l'une à l'autre.

> 22. *Et Il a mis toutes choses sous ses pieds, et l'a donné pour chef à l'Église.*

Dieu a fait du Christ le chef suprême de l'univers, après avoir mis toutes choses sous ses pieds (Hébreux 2:8). Nous attendons encore qu'Il démontre pleinement Son autorité dans le monde, mais nous savons qu'Il prendra un jour Son pouvoir et règnera (Apo. 11:17).

Dans le cadre de son règne universel, la relation du Christ avec l'Eglise est unique. Pour nous Il en est la tête, et nous sommes son Corps. Sa vie est notre vie. Nous dépendons de Lui et nous Lui devons tout, une relation que Paul compare au chapitre 5 à celle d'un mari avec une femme, car «*elle exprime une unité vitale*» (FF Bruce).

Le Christ est la tête de toute la création. Mais ne fait pas un avec elle, car Il est chef de l'Eglise et Il est unit à elle. Notez que le Christ est la Tête «*sur toutes choses*» pour l'Eglise. Tout comme la femme n'a pas le droit de prendre une décision indépendamment de son mari, l'Église ne peut élaborer ses propres plans sans le Christ. En tant que *«chef sur toutes choses»* Il s'intéresse à chaque détail de ce qui se passe dans son Église. Que nous prêchions la Parole ou que nous nettoyions le bâtiment qui nous sert d'église locale, le Christ prend un intérêt personnel dans l'ensemble de ce que nous faisons pour le servir. C'est pourquoi nous sommes exhortés:

Quoi que vous fassiez, faites-le de bon cœur, comme au Seigneur et non pour les hommes (Col. 3:23).

Qui est son corps, la plénitude de Celui qui remplit tout en tous.

Les croyants partagent la plénitude de Celui qui est pleinement Dieu, qui remplit toutes choses par Sa présence. Bien qu'il soit à ce moment assis à la droite de Dieu, le Christ omniprésent (présent partout à la fois) habite dans toute sa plénitude en chaque croyant (Col. 2:6) ainsi que dans son Église qui est la complète expression de Sa nature et de Sa personne sur la terre. Comme le dit Ellicott, *«l'Eglise est Son image complète dans toute Son humanité glorifiée»*, car elle existe entièrement en Lui et pour Lui.

Aucun croyant ne peut jamais être rempli d'une partie de Dieu. Nous sommes soit remplis de Dieu ou nous ne l'avons pas du tout dans nos vies.

Chapitre 3. Éphésiens 2:1–10. «En Christ».

Dans le premier chapitre d'Éphésiens Paul parle de dessein éternel de Dieu, où tous ceux qui sont *en Christ* sont «*bénis de toute bénédiction spirituelle dans les lieux célestes.*» Dans le chapitre deux Paul continue d'énumérer ces grandes bénédictions et explique davantage ce que Dieu a fait pour nous en Christ. Comme nous étudions ce chapitre, nous sommes sûrs de conclure que «*le Seigneur a fait de grandes choses pour nous, et nous sommes dans la joie*» (Psaume 126:3)

Élevés Pour Partager la Vie de Dieu.

Les mots clés de chacun des deux premiers chapitres sont *en Christ*. Paul commence le chapitre deux en nous montrant ce que nous étions en dehors du Christ, avant d'énumérer les avantages qui sont aujourd'hui les nôtres en vertu de notre union avec Lui.

> *1. Et Il vous a rendus à la vie, vous qui étiez morts par vos offenses et par vos péchés.*

Avant d'arriver à connaître le Christ nous étions morts par nos offenses et par nos péchés, n'ayant pas de vie spirituelle.

Des centaines d'années avant que Paul n'écrive cette épître, le prophète Ésaïe avait donné la raison à ceci de manière très claire:

«*Mais ce sont vos fautes qui mettaient une séparation entre vous et votre Dieu: Ce sont vos péchés qui vous cachaient sa face, Et l'empêchait de vous écouter.*» (Ésaïe 59:2).

Avant d'arriver à connaître le Christ, notre péché nous séparait de Dieu, et donc de Sa vie. Sans Jésus-Christ dans notre cœur, nous n'avons pas de vie en nous (Jean 6:53), car le Christ est la

37

vie (Jean 14:6). Autrement dit, Il est le Dieu véritable et la vie éternelle (1 Jean 5:20).

Dans les premiers chapitres de la Genèse, nous lisons que Dieu avait averti Adam que la désobéissance conduirait à la mort. Quand Adam a choisi de désobéir, il a commencé à mourir physiquement, mais il est mort immédiatement dans le sens spirituel, étant séparé de Dieu par son péché. Dès lors, l'aliénation d'avec Dieu a été la position de la race humaine tout entière. Comme Paul l'écrit dans l'épître aux *Romains*:

Comme par un seul homme le péché est entré dans le monde, et la mort par le péché, et qu'ainsi la mort s'est étendue à tous les hommes, car tous ont péché (Romains 5:12).

Quand nous recevons Jésus-Christ comme Sauveur, le péché qui nous aliénait de Dieu est enlevé, ayant été cloué à Sa croix; ainsi nous sommes réconciliés avec Dieu (Col. 1:21; Romains 5:10). En Christ, nous sommes «rendus vivants», vivifiés par l'Esprit Saint de la mort spirituelle à la vie éternelle (Jean 5:24). Étant nés de Dieu et donc vivant pour Dieu, nous pouvons profiter de tous les avantages de Le connaître Lui et Sa présence fidèle.

> *2–3. Dans lesquels vous marchiez autrefois, selon le train de ce monde, selon le prince de la puissance de l'air, l'esprit qui agit maintenant dans les fils de la désobéissance, parmi lesquels nous tous aussi autre fois nous conduisant dans les convoitises de notre chair, accomplissant les volontés de la chair et de l'esprit, et nous étions par nature des enfants de colère, tout comme les autres.*

Dans notre état antérieur d'êtres aliénés de Dieu, nous avons vécu «*selon le train de ce monde.*» Chaque homme et chaque femme en dehors du Christ, sans exception, suit cette voie, vivant dans le cadre de ce monde de péché. C'est la condition universelle de l'homme déchu, c'est pourquoi Jean écrit que «*le monde entier est sous la puissance du malin.*» (1 Jean 5:19). Les puissances des ténèbres, dirigées par Satan, sont continuellement à l'œuvre dans la vie de ceux qui sont «désobéissants» - c'est à dire ceux qui ne croient pas et n'obéissent pas à l'Evangile du Christ. Notre nature pécheresse est telle qu'elle est soumise à leur domination. On pourrait dire que depuis que l'homme déchu s'est aliéné de Dieu et Satan, lui aussi, est l'ennemi de Dieu, ils font de bons compagnons se soutenant les uns les autres, tout comme «*ce qui se ressemble s'assemble*».

Le fait que nous marchons dans cette voie d'inimitié avec Dieu a été clairement démontré par nos actions. Au lieu de chercher à faire la volonté de Dieu, nous avons cherché seulement à assouvir notre envie pour le péché. En gratifiant les désirs charnels de notre corps et de notre esprit, nous avons montré que notre nature est totalement dépravée moralement et spirituellement. Nous étions ennemis de Dieu (Col. 1:21), méritant son jugement - «*des objets de la colère*».

> *4–5. Mais Dieu, qui est riche en miséricorde, à cause de Son grand amour dont Il nous a aimés, nous qui étions morts par nos offenses, Il nous a fait revivre avec le Christ (c'est par grâce que vous êtes sauvés).*

Mais alors que nous étions encore dans cette condition de péché, Dieu nous a aimés. Dieu n'a pas attendu que nous changeons pour nous aimer, car Il nous a aimés quand nous étions morts dans le péché et encore ses ennemis, méritant sa colère. Paul décrit l'amour de Dieu comme «*le grand amour dont Il (Dieu) nous a aimés*». C'est un amour pour tout le monde, et il ne peut être mesuré qu'en termes du don qu'Il était prêt à nous donner. L'amour de Dieu pour les pécheurs L'a fait envoyer son Fils unique pour mourir pour le salut de toute l'humanité. La mort expiatoire du Christ démontre la miséricorde de Dieu – c'est à dire Sa bonté offerte aux coupables. Ce n'est pas par quelque bonne œuvre que nous avons faite, mais par Sa grâce (faveur imméritée) que nous avons été sauvés. La mort du Christ et sa résurrection sont suffisantes pour ressusciter tous ceux qui croient en Lui de la mort spirituelle à la vie spirituelle (Jean 5:25).

6. Et nous a ressuscités ensemble, et nous a faits asseoir ensemble dans les lieux célestes en Jésus-Christ.

Tous ceux qui sont en Christ ont été glorifiés avec Lui; nous partageons sa vie de Ressuscité et ils ont été faits *«participants de la nature divine»* (2 Pierre 1:04.). Puisque le Christ est venu du ciel, il possède une nature céleste, et ceux qui partagent sa nature ont part à la citoyenneté du ciel avec Lui (Phil. 3:20). Jésus a proclamé tout en marchant sur terre, d'être toujours «au ciel» (Jean 3:13). Donc il y a un sens dans lequel le croyant, quand bien même qu'il soit encore dans le monde, n'est pas de ce monde, et se trouve dans ces mêmes *«lieux célestes.»* Christ, étant exalté à la droite de Dieu, partage cette même position privilégiée avec ceux qui sont unis à son corps.

Sauvés pour Partager la Grâce de Dieu.

7. Que dans les siècles à venir, Il pourra montrer l'infinie richesse de sa grâce par sa bonté envers nous en Jésus-Christ.

Dieu a choisi de se révéler à nous d'une manière qui prouverait sa bonté, afin que pour des âges éternels nous puissions Le remercier et L'adorer en conséquence. La richesse surabondante de la grâce de Dieu sera un fait indiscutable dans le ciel pour cette raison: que nous sommes là. Nous, qui étions autrefois ses ennemis sommes maintenant ses fils. Nous qui étions morts par nos offenses autre fois sommes désormais éternellement vivants avec le Christ. L'Eglise sera la vitrine exposant la grâce de Dieu pour toute l'éternité.

8. Car c'est par grâce que vous êtes sauvés par la foi, et cela ne vient pas de vous, c'est le don de Dieu.

Voici la merveilleuse nouvelle de l'histoire de la rédemption: *«c'est par la grâce que vous êtes sauvés».* Le salut de Dieu est offert gratuitement à tous en vertu de l'œuvre de Christ et on le reçoit individuellement par la foi en Lui. Personne ne peut se vanter d'avoir la foi pour être sauvé, puisque cette foi est elle-même un don de Dieu. Elle est gracieusement créée dans le cœur de ceux qui sont réceptifs à Sa Parole (Rom. 10:17).

Par l'Évangile, Dieu tend la main à tous les hommes dans l'amour en tout temps. À un certain moment durant la vie de tous, Dieu va amener chaque personne à un point de décision concernant son salut. L'Esprit Saint travaille gracieusement dans le cœur de ceux qui sont ouverts à Sa Parole pour leur permettre de croire. Cependant ceux qui acceptent le salut n'ont aucune raison pour se vanter. D'autre part, ceux qui rejettent l'offre de Dieu de miséricorde n'ont personne d'autre sinon eux-mêmes à blâmer.

9. Non par des œuvres, afin que personne ne se glorifie.

Personne ne peut se vanter d'avoir gagné le salut, car il est offert gratuitement à tous, et nous en sommes tout complètement indigne. Paul écrit à Tite que ce n'est par *«par les œuvres de justice que nous aurions faites, mais selon Sa miséricorde, il nous a sauvés»* (Tite 3:5).

Ce dont nous pouvons vanter, cependant, est Celui qui nous a sauvés. Lorsque nous étions totalement incapables de nous aider, Dieu est intervenu dans la personne de Jésus-Christ, qui est à la fois le donneur et l'incarnation de la grâce de Dieu; *«la grâce et la vérité sont venues par Jésus Christ»* (Jean 1:17).

Créés pour Partager la Nature de Dieu.

> *10. Car nous sommes son ouvrage, créés en Jésus Christ pour de bonnes œuvres, que Dieu a préparées d'avance afin que nous les pratiquions.*

La nouvelle création est l'œuvre que Dieu a réalisée dans notre cœur par l'Esprit Saint. Dieu nous a créés de nouveau à son image afin que nous puissions vivre comme Il veut que nous vivions, produisant des fruits de l'obéissance. Ce sont là les «bonnes œuvres» pour lesquelles il nous a créés. Ceux qui continuent de vivre dans le péché, tout en prétendant être l'ouvrage de Dieu (nés de nouveau) se trompent.

Celui qui dit: «Je le connais», et ne garde pas ses commandements, est un menteur, et la vérité n'est pas en lui (1 Jean 2:4).

Les mots *«préparées d'avance»* révèlent que Dieu à un plan et un but pour chaque chrétien individuellement. Comme Dieu dit par le prophète Jérémie:

Car je connais, moi, les desseins que je forme à votre sujet, dit l'Éternel, desseins de paix et non de malheur, pour vous donner un avenir et une espérance (Jérémie 29:11).

C'est quand nous apprenons à marcher dans l'obéissance que ces plans seront accomplis dans notre vie.

Chapitre 4. Éphésiens 2 : 11–22. Le Peuple de Dieu - Une Nouvelle Création.

Dans ce texte, Paul examine en particulier comment la distinction entre Juif et Gentil (le non - Juif) a été abolie en Christ.

Aucune Distinction Entre le Peuple de Dieu.

> *11. Souvenez-vous donc de ceci: autrefois, vous, païens dans la chair, traités d'incirconcis par ceux qui se disent circoncis et qui le sont dans la chair et par la main des hommes.*

Dans l'Ancien Testament, nous lisons comment Dieu a délivré la nation d'Israël de l'esclavage en Égypte pour en faire son propre peuple. Il leur donna Ses lois et leur fit connaître sa promesse d'envoyer le Christ. Avant la venue du Christ, ceux d'entre nous qui n'étions pas nés dans la nation d'Israël, et qui n'étions pas circoncis (le signe de la relation d'alliance entre Dieu et les Juifs), ne faisaient pas, et ne pouvaient pas être, partie du peuple de Dieu.

Toujours désireux de défendre la vérité de l'Évangile, Paul se réfère à la pratique de la circoncision de l'Ancien Testament comme celle qui est *«faite dans la chair par la main des hommes»*. Il y avait de nombreux judaïsant au temps de Paul, qui insistaient que les païens convertis devaient être circoncis et obéir à la loi de Moïse, une pratique que Paul trouvait totalement inutile. Sous la Nouvelle Alliance, la circoncision ne compte plus pour rien. C'est seulement une nouvelle création qui importe.

> *12. A cette époque vous étiez sans Christ, privés du droit de cité en Israël, étrangers aux alliances de la promesse, sans espérance et sans Dieu dans le monde.*

Avant la venue de Christ, ceux en dehors de la cité d'Israël n'avaient aucun droit aux promesses de Dieu et aucune relation avec Lui. Les Juifs, par contre, étaient privilégiés à bien des égards. Dieu s'était révélé à eux par sa Parole et leur avait donné un moyen de s'approcher de Lui pour le culte. Paul énumère leurs privilèges dans son intégralité dans Romains 9:4–5, et elles sont expliquées ci-dessous:

Qui sont Israélites, à qui appartiennent l'adoption, la gloire, les alliances, le don de la loi, le service de Dieu, et les promesses; parmi eux sont des patriarches et de qui, selon la chair, le Christ, qui est dessus de tout, est issu, Dieu soit béni éternellement. Amen. (Rom. 9:4–5)

Les Juifs sont les descendants de Jacob (Israël) à qui Dieu a fait certaines promesses, y compris «*Je ferai de toi une grande nation, et je donnerai à tes descendants cette terre*» *(Genèse 28:13–15)*.

Par Sa grande puissance Dieu avait fait sortir Israël d'Egypte pour être un peuple acquis (l'adoption).

Pour cette raison, Dieu fut appelé leur Dieu (la Gloire - Psaume 106:20)

Dieu avait conclu des alliances avec Israël. Il avait promis à Abraham qu'Il donnerait à ses descendants la terre et qu'il serait leur Dieu. Cette alliance a été attestée par la circoncision (Genèse 17:4–14).

L'alliance du Sinaï (Exode 24:7–8) devait être ratifiée par leur observance de la loi, y compris l'observance du Sabbat comme un signe qu'Israël était mise à part pour le Seigneur (Exode 31:13–16).

Ils ont reçu la loi, la Parole vivante de Dieu, qui leur enseignait la norme de Dieu en ce qui concerne la sainteté et leur avait révélé la voie du salut.

On leur a donné le service du culte à travers le sacerdoce dans le tabernacle et plus tard dans le temple.

Matthew Henry dit «*tandis que d'autres nations adoraient et servaient les idoles de leur propre invention, les Israélites servaient le vrai Dieu comme Lui-même le leur avait indiqué.*»

Ces nombreuses promesses avaient été données par Dieu à Son peuple, et en particulier les nombreuses prophéties par lesquelles Dieu leur fit connaître la manière de la venue du Christ.

Ils avaient la foi et l'exemple de leurs ancêtres à suivre.

Le plus important de tout, c'était d'Israël que le Christ est issu, selon la chair - celui dont le nom est Emmanuel - Dieu avec nous, le Dieu béni éternellement. Ce fut la raison pour laquelle la nation d'Israël a été choisie et mise à part.

Dieu n'avait donné ces privilèges à aucune autre nation (Psaume 147:20). Ces nations qui n'avaient pas les Écritures pouvaient ne pas avoir été au courant de la promesse de la venue du Christ, et même si elles l'avaient été, il est généralement admis par les Juifs que les bénédictions de Dieu et la venue du Messie, seraient pour Israël seulement.

> *13. Mais maintenant, en Jésus-Christ, vous qui jadis étiez loin, vous êtes devenus proches par le sang du Christ.*

Maintenant, grâce à Jésus-Christ, une nouvelle façon d'approcher Dieu a été révélée pour les Juifs comme pour les Gentils. Nous étions loin de Dieu et morts dans le péché, mais nous avons été réconciliés et sommes devenus proches de Dieu, non pas par quelque rituel religieux, ni à cause de notre identité nationale, mais par le sang du Christ, c'est à dire sa vie volontairement offerte pour le péché du monde entier. Par conséquent, les différences de race et de religion ne sont plus pertinentes - elles sont annulées par la croix.

L'alliance que Dieu a faite avec Israël était valable seulement jusqu'à la venue de Christ. Les Écritures de l'Ancien Testament ont révélé comment le Christ apporterait une nouvelle alliance par laquelle la bénédiction du salut de Dieu serait mise à la disposition du monde entier. Dieu promit à Abraham: «*Je bénirai ceux qui te béniront, et je maudirai ceux qui te maudiront; et en toi toutes les familles de la terre seront bénies*» (Genèse 12:3).

(Pour une référence de l'Ancien Testament à cette Nouvelle Alliance voir Jer. 31:31; et pour le fait qu'elle serait mise à la disposition du monde entier voir Esaïe 49:6)

Dans sa lettre aux Romains, Paul prend beaucoup de peine pour illustrer la même vérité qu'il énonce bien plus simplement dans Éphésiens. Comme tous (les Juifs et les Gentils) ont péché, tous ont besoin d'être réconciliés avec Dieu par la mort de Son Fils.

> 14. *Car il est notre paix, lui qui des deux n'en a fait qu'un, en détruisant le mur de séparation, l'inimitié.*

Christ est notre paix, la force unificatrice entre les croyants juifs et non-juifs. Par Lui nous avons tous deux un accès égal à Dieu. Christ a aboli toute distinction de race, d'âge et le sexe. (Gal. 3:28).

L'Ancienne Alliance fut faite avec Israël, mais la Nouvelle Alliance est ouverte à toutes les nations, afin que la paix que le Christ a obtenue par sa croix entre l'homme et Dieu puisse aboutir à la paix entre les croyants de toutes les origines.

Dans le temple de Jérusalem il y avait un mur séparant la cour des païens des tribunaux internes (où seuls les Juifs étaient autorisés à entrer). La pénalité pour un Gentil d'entrer dans la cour intérieure était la mort. Paul lui-même avait échappé de justesse à la mort une fois quand il a été faussement accusé d'amener les Gentils dans cette cour intérieure (Actes 21:28). Cette distinction entre Juif et Gentil a été annulée à tout jamais en Christ.

Le Peuple Éternel de Dieu.

> *15–16. Ayant aboli dans sa chair l'inimitié, c'est la loi des commandements contenus dans les ordonnances, afin de créer en sa personne, avec les deux, un seul homme nouveau en faisant la paix, et pour les réconcilier avec Dieu tous deux en un seul corps par la Croix, en faisant mourir par elle l'inimitié.*

La division qui existait autrefois entre les Juifs et les Gentils a été causée par le fait que l'ancienne alliance, ou loi cérémonielle, n'avait été faite qu'entre Dieu et la nation d'Israël. Mais maintenant, comme la nouvelle alliance n'est pas basée sur l'ancienne, la barrière qui empêchait les païens d'entrer dans Sa présence a été enlevée à jamais (Hébreux 10:19).

En faisant une nouvelle alliance, Dieu a rendu obsolète la première (Hébreux 8:13). Christ a observé et accompli toutes les justes exigences de la loi tout au long de sa vie. Ensuite sur la croix Il a volontairement pris la punition qui est prescrite pour ceux qui enfreignent la loi. De cette façon, il a annulé le pouvoir de la loi de condamner ceux qui sont justifiés par la foi en Lui.

Ce n'est plus sur la base de notre respect de la loi, mais sur la base du sang du Christ qui a été répandu que les Juifs et les païens sont admis dans la présence de Dieu. En faisant cette nouvelle alliance, Dieu a décidé de se faire un nouveau peuple pour Lui-même, en prenant les hommes et les femmes de tous les pays et les transformant en de nouvelles créations en Christ Jésus. Christ, le fondement de notre paix avec Dieu (Col. 1:20), est aussi la source de la paix entre les croyants.

17. Et Il est venu annoncer la paix à vous qui étiez loin et à ceux qui étaient proches.

C'était vers les païens *«qui étaient loin»*, ainsi que pour les Juifs *«qui étaient proches»*, que le Christ est venu avec un message de réconciliation et de paix entre Dieu et les hommes, une réconciliation accomplie par la foi en son sang.

18. Car par lui nous avons tous deux l'accès par un seul Esprit au Père.

Alors que c'est le sang du Christ qui rend notre accès à la présence de Dieu possible, c'est l'Esprit Saint qui le rend tangible. A partir du moment que nous plaçons notre foi en Jésus-Christ, l'Esprit Saint fait de nous des fils de Dieu. Ainsi, bien que les chrétiens puissent être à différentes étapes de leur croissance spirituelle, ils restent égaux dans leur relation avec Dieu, car tous sont de manière égale fils de Dieu par la foi en Jésus-Christ (Gal. 3:26), et tous ont reçu le même Esprit pour s'en abreuver (1 Cor. 12:13).

C'était le fait que Dieu avait répandu Son Esprit (accompagné par les signes et le miracle des langues et de la prophétie) sur les croyants Gentils de Césarisée, qui a finalement convaincu les anciens à Jérusalem que Dieu avait *«accordé la repentance aux païens afin qu'ils aient la vie»* (Actes 11:18).

Puisque l'inclusion des païens dans l'Église était un événement si récent, on peut bien apprécier l'importance de l'enseignement de Paul sur ce sujet et la raison pour laquelle il lui a donné tant d'importance dans ses lettres.

> *19. Maintenant, donc, vous n'êtes plus des étrangers ni des gens de passage, mais des concitoyens des saints et membres de la famille de Dieu.*

Ceux qui croient en Jésus-Christ ne sont plus des étrangers mais sont réunis dans la famille du peuple de Dieu.

Bruce dit que les non-Juifs qui croient «*ne sont pas simplement tolérés d'être ensemble avec Israël, mais ils sont les citoyens à part entière, jouissant de tous les privilèges de manière égale avec les Juifs qui croient.*»

Paul utilise trois idées pour illustrer l'unité de tous les croyants:

Une Cité.

Nous sommes «concitoyens» de la cité céleste. La «Nouvelle Jérusalem» est un groupe de gens qui sont devenus de nouvelles créations par la foi en Christ. Par la foi, Abraham anticipa avec joie l'inauguration de cette ville (Hébreux 11:10), comme Moïse (Hébreux 11:26). Tous ceux qui croient en Jésus-Christ se qualifient pour recevoir les pleins droits en tant que citoyens de cette cité.

Ayant été sanctifié par Jésus-Christ, chaque croyant est un saint ou un sanctifié. Paul informe les chrétiens de Philippes: «*Notre citoyenneté est dans les cieux*» (Phil. 3:20).

Une Famille.

Comme le «foyer» ou la «famille» de Dieu, nous sommes tous nés du même Père, étant également ses premiers- nés (Hébreux 12:23). En dépit de nos péchés et nos échecs, en tant que membres de la famille de notre Père, nous sommes traités comme ses enfants et non pas comme ses ennemis! Avoir une place dans la famille de Dieu signifie la sécurité éternelle, car Jésus a dit, «un esclave ne demeure pas toujours dans la maison, mais le fils y demeure à jamais» (Jean 8:35).

Le fait que nous sommes membres d'une même famille est la source d'une unité plus grande que nos différences, qu'il s'agisse de l'âge ou de compétences (Éph. 4:4–6).

Un bon ami m'a parlé de son enfance à Sheffield, en Angleterre. Il semble que presque chaque jour il se querellait avec son frère cadet pour une raison ou une autre. Mais chaque fois que quelqu'un d'autre cherchait à faire du tort à son petit frère, mon ami se précipiterait immédiatement pour le défendre et le protéger. Lorsqu'on lui a demandé pourquoi il agissait ainsi, mon ami a répondu «la famille est plus grande que la querelle!»

Le message de Paul sur l'unité apporte encore de l'espoir à une Église malheureusement divisée. La famille de Dieu est vraiment «plus grande que la querelle.»

Un Edifice.

20. Vous avez été édifiés sur le fondement des apôtres et des prophètes, Jésus-Christ Lui-même étant la pierre angulaire.

Nous sommes tous édifiés ensemble par Dieu pour être un lieu d'habitation sainte pour le Saint-Esprit - un lieu où Dieu demeurera éternellement (Apocalypse 21:3). Le dessein éternel de Dieu était de racheter un peuple qui serait à lui pour toujours, et ce dessein est en train d'être accompli par le Christ. Tout comme un édifice ne peut pas se tenir debout sans une fondation, donc nous ne pourrions pas faire partie de l'édifice de Dieu si ce n'était par le travail rédempteur du Christ. L'existence de l'ensemble de l'édifice dépend de lui, donc il est la

Pierre de l'Angle.

Après l'ascension du Christ au ciel, Dieu a confié la proclamation de son salut d'abord aux apôtres et aux prophètes. En le proclamant, ils ont fait progresser le plan de Dieu vers son achèvement. Uniquement dans ce sens sont-ils décrits comme ceux qui ont jeté les bases de l'édifice (1 Cor. 3:11). Mais l'Evangile est toujours annoncé et l'Eglise continue de croître avec les nouveaux croyants qui y sont ajoutés chaque jour, chacun devenant une pierre vivante dans le temple de Dieu (1 Pierre 2:5).

> *21. En lui tout l'édifice, bien coordonné s'élève pour être un temple saint dans le Seigneur.*

Le Temple de Dieu grandit comme un organisme vivant. Paul développe cette idée plus tard, en décrivant l'Eglise comme «*Corps du Christ*», chaque chrétien en faisant partie, un corps créé et tenu ensemble par Dieu, avec chaque partie occupant la place qui lui est assignée (1 Cor. 12:24).

> *22. En lui vous êtes aussi édifiés ensemble pour être une habitation de Dieu dans l'Esprit.*

Chaque croyant trouve sa place dans cet édifice vivant, qui est l'Eglise du Christ. Si vous êtes un croyant né de nouveau, alors vous faites partie de ce corps et vous avez une place particulière ou une fonction décidée par Dieu.

C'est dans cet édifice, l'Église, que Dieu a choisi d'habiter, et pas seulement dans quelque avenir lointain, mais au milieu de tous les problèmes de notre vie présente. Dieu habite au milieu de Son peuple. Comme le dit Bruce, «*ce n'est pas dans n'importe quelle structure tangible, mais au milieu de Son peuple, que Dieu fait sa demeure sur la terre.*»

La présence tangible de Dieu au sein de son Église peut en conséquence être considérée en termes de l'Église demeurant en Dieu.

Dieu est notre refuge et un appui, un secours qui se trouve toujours dans la détresse (Psaume 46:2).

Seigneur, Toi, tu as été pour nous un refuge, de génération en génération (Psaume 90:1).

C'est seulement dans le ciel que le miracle de la demeure de Dieu dans et au milieu de son peuple sera pleinement et finalement réalisé.

Voici le tabernacle de Dieu avec les hommes! Il habitera avec eux, et ils seront son peuple. Dieu Lui-même sera avec eux. (Apocalypse 21:3).

Chapitre 5. Éphésiens 3:1–21. Le Ministère Paul auprès des Gentils.

Un Prisonnier Pour L'amour des Gentils.

1. Pour cette raison, moi Paul, le prisonnier de Jésus-Christ pour vous, les païens.

De sa prison, à Rome, Paul pouvait revenir en arrière sur les années de son ministère, comme l'apôtre des Gentils. Bien que l'Évangile avait déjà été entendu par beaucoup de Gentils, Paul a été le premier à être envoyée par le Christ sur une mission de grande envergure vers le monde païen. C'est pour cette mission qu'il s'est retrouvé en prison, depuis l'antagonisme des Juifs envers lui à Jérusalem. Cela a conduit à son emprisonnement, et a été largement le résultat de son ministère auprès des Gentils. (L'histoire complète de cet épisode dans la vie de Paul se trouve dans les chapitres Actes 21–27).

La Préparation de Paul.

2–4. En effet, si vous avez entendu parler de la dispensation de la grâce de Dieu qui m'a été donnée pour vous, comment par révélation, il m'a fait connaître le mystère comme je l'ai écrit déjà brièvement. En lisant vous pouvez comprendre l'intelligence que j'ai du mystère du Christ.

Selon W.E. Vine, le mot «dispense» signifie «la gestion d'un ménage ou des affaires du ménage», ce qui est une bonne intendance. La mission que Dieu avait donnée à Paul par Sa grâce était la responsabilité de faire connaître le Christ parmi les païens. Dieu a préparé Paul pour ce ministère en lui révélant le Christ surnaturellement, tout d'abord sur la route de Damas, où le Christ ressuscité lui a, à la fois, parlé et lui est apparu personnellement, (Actes 22:6–7), et plus tard quand Il lui a révélé les vérités de l'Evangile, non pas par l'intermédiaire de quelque pédagogue humain, mais par des visions et par la révélation de l'Esprit (Galates 1:11–17). Cela explique la compréhension de l'Evangile par Paul, et c'est ce qui a été brièvement décrit dans les chapitres un et deux de cette épître.

> *5–6. Ce mystère n'a pas été manifesté aux fils des hommes dans d'autres générations, comme il a été révélé maintenant par l'Esprit à ses saints apôtres et prophètes: c'est que les païens sont cohéritiers, forment un même corps et participent à la même promesse dans le Christ par l'Evangile.*

Le Saint-Esprit a, de manière particulière, inculqué dans le cœur de Paul la vérité que l'Évangile est pour tous les hommes. C'était le plan de Dieu depuis le début des temps que les hommes de toutes les nations devaient recevoir le don de la vie éternelle par la foi en Jésus-Christ, et faire partie d'un nouveau corps, l'Eglise. Ce plan n'était pas connu des hommes dans les temps anciens, mais maintenant il a été révélé par le Saint-Esprit aux saints apôtres et des prophètes.

C'est suite à sa rencontre avec Corneille que l'Esprit Saint avait enseigné à Pierre que l'Evangile était destiné aux païens ainsi qu'aux les Juifs (Actes 10). Quelque temps au début de son ministère, Paul a reçu une révélation semblable, indépendamment de celle de Pierre, qui l'a préparé pour son ministère auprès des Gentils.

La Prédication de Paul.

> *7–8. Dont je suis devenu ministre selon le don de la grâce de Dieu qui m'a été donnée par le travail efficace de sa puissance. A moi, qui suis moins que le moindre de tous les saints, cette grâce*

a été donnée pour que je prêche parmi les païens les richesses insondables de Christ.

L'appel de Paul pour le ministère est venu par l'œuvre efficace de la puissance de Dieu dans sa vie, ce qui l'a équipé pour la tâche de la prédication de l'Evangile. Chaque fois que Dieu nous appelle à faire quelque chose, il nous équipe pour nous permettre de le faire. Paul se voyait comme le moindre des croyants (car il avait déjà été le persécuteur de l'Eglise de Dieu (1 Cor. 15:9), mais il était toujours conscient de la grande responsabilité qui lui avait été confiée. Il se rendait compte que la grâce de Dieu lui avait été accordée afin qu'il puisse consacrer sa vie de racheté à la prédication de l'Evangile parmi les païens.

Grâce à l'Evangile nous comprenons les «richesses insondables» qui deviennent les nôtres en Christ. Aux yeux de Dieu, les vraies richesses sont celles qui sont spirituelles et éternelles (Luc 16:11). Toutes ces richesses éternelles se trouvent en Jésus-Christ, qui est la plénitude de Dieu. Puisque nous avons reçu Christ, nous avons reçu toutes ces bénédictions avec Lui. «Tout est à nous» (1 Cor. 3:21), car Dieu qui nous a donné Son Fils nous donne avec libéralité toutes choses avec Lui (Rom. 8:32). Ces richesses sont décrites comme étant insondables, car elles sont une mesure de la valeur infinie du Fils de Dieu.

> *9–11. Et de mettre en lumière la dispensation du mystère caché de toute éternité en Dieu, le créateur de toutes choses; ainsi désormais les principautés et les pouvoirs dans les lieux célestes connaissent par l'Eglise la sagesse de Dieu dans sa grande diversité, selon le dessein éternel qu'il a accompli par le Christ-Jésus, notre Seigneur.*

Le but de Dieu d'amener l'humanité en communion avec Lui

par Jésus-Christ ne pouvait être connu que lors de la venue de Christ. Les prophètes l'avaient prédit, mais ils ne le comprenaient pas, ceux qui l'ont entendu non plus (1 Pierre 1:10.). Il a maintenant été révélé à nous par la vie, la mort et la résurrection de Jésus-Christ notre Seigneur.

L'immense privilège qui a été donné à Paul (et à chaque prédicateur de l'Evangile) est de proclamer Christ, afin que par la foi en Lui, les hommes et les femmes puissent devenir enfants de Dieu.

L'œuvre de Dieu de racheter les hommes pécheurs et les femmes pécheresses fait éclater au grand jour sa sagesse et sa miséricorde, à tel point que même l'armée céleste en est émerveillée. La merveille du plan éternel de Dieu en vue du salut des pécheurs contraint Samuel Davies à écrire:

Grand Dieu des merveilles, toutes tes voies proclament tes attributs divins, mais d'innombrables actes de pardon et de grâce brillent au-delà de tes autres merveilles.

Ce n'est pas dans un avenir lointain, mais c'est bien maintenant que l'armée céleste des anges, des chérubins et des séraphins s'émerveillent en ce qui concerne l'Eglise, avec sa grande variété d'hommes et de femmes de toutes les nations et cultures. Ils sont sauvés de leurs péchés par Dieu qui par Sa grâce les a faits devenir Ses propres enfants.

12. En qui nous avons, par la foi, la liberté de nous approcher de Dieu avec confiance.

Puisque l'œuvre propitiatoire de Christ est complète, nous avons accès (par Lui et en Lui par la foi) dans la présence de Dieu en tout temps, avec une liberté absolue et avec l'assurance qu'Il nous accepte. (Hébreux 10:19–22). C'est en vertu de notre relation avec Dieu que nous avons l'assurance d'entrer dans Sa présence. Par la foi en Christ nous sommes devenus enfants de Dieu, et Il est notre Père qui nous aime. Nous n'avons rien à craindre de lui. Que d'autres hésitent à venir, mais laissez les enfants de Dieu s'approcher *«avec assurance du trône de la grâce, afin que nous puissions obtenir miséricorde et trouver grâce en vue d'un secours opportun»* (Hébreux 4:16).

Tout croyant en Jésus-Christ a accès dans la présence immédiate de Dieu à tout moment. Il s'agit d'un droit d'entrée permanent.

Quand Esther a plaidé avec le roi Artaxerxés, au nom de la nation juive, elle savait que la seule façon pour elle d'entrer dans la présence du roi sans avoir été convoquée était pour lui d'étendre son sceptre d'or à elle. L'entrée ne lui était pas sa garantie à tout moment. Mais puisque Dieu a étendu le sceptre de sa grâce souveraine envers ses enfants, il nous a été accordé un accès illimité, et cela à n'importe quel moment, dans Sa présence.

La Souffrance de Paul.

13. C'est pourquoi je demande que vous ne perdiez pas courage dans mes tribulations pour vous, elles sont votre gloire.

Paul mentionne ses nombreuses souffrances pour l'Eglise brièvement, car les Éphésiens étaient au courant de ce qu'il endurait. Plutôt que de perdre courage à cause de ses souffrances, les croyants devraient en faire un sujet de gloire qu'il a dû souffrir pour son ministère parmi eux pour l'amour de Jésus. Si Dieu a eu à exprimer son amour pour le monde par le don de son Fils, de la même manière Paul a exprimé l'amour de Dieu dans sa volonté de souffrir pour le bien de la foi de ses convertis.

La Prière de Paul.

> *14–19. Pour cette raison, je fléchis les genoux devant le Père de notre Seigneur Jésus-Christ, de qui toute famille dans les cieux et la terre tire son nom, pour qu'il vous donne, selon la richesse de sa gloire, d'être puissamment fortifiés par son Esprit dans l'homme intérieur, que le Christ habite en vos cœurs par la foi, afin que vous, étant enracinés et fondés dans l'amour, puissiez être capables de comprendre avec tous les saints quelle est la largeur et la longueur et la profondeur et la hauteur - de connaître l'amour du Christ qui surpasse toute connaissance, afin que vous soyez remplis jusqu'à toute la plénitude de Dieu.*

Depuis l'inclusion de ces convertis Gentils «en Christ», Paul n'avait pas cessé de fléchir régulièrement les genoux à Dieu le Père et de prier pour eux. Sa préoccupation principale était pour leur bien-être spirituel. Il sentait une unité avec eux quand il a priait à Celui qu'ils connaissaient comme le Père «de qui toute la famille tire son nom.»

Paul demande que Dieu, qui est Esprit, et qui nous a rendus participants à Sa nature divine, accorde de l'infinie richesse de son être (Sa gloire) une telle mesure de Lui- même par l'Esprit Saint qui fortifierait leur homme intérieur par l'exercice de sa puissance. Il prie ainsi afin que le Christ soit formé en eux, afin qu'ils deviennent matures et complets dans leur vie spirituelle, avec une ressemblance continuelle à Jésus-Christ.

Paul reconnaissait qu'il doit y avoir une croissance et un développement continu dans la vie spirituelle de chaque chrétien. Comme notre foi se renforce et mûrit, nous acquérons une assurance plus profonde de l'amour immuable du Christ; nous le comprenons et nous en faisons l'expérience. Cet amour est infiniment au-delà de toute capacité de compréhension ou de description humaine. Sa grandeur doit être considérée en termes de la valeur infinie du don (Jésus) qu'il était prêt à donner. Pourtant, les enfants de Dieu, à mesure qu'ils grandissent dans la grâce, sont capables de l'apprécier plus parfaitement, et comme ils en font l'expérience, ils doivent être de plus en plus remplis de toute la plénitude du Dieu (1 Jean 4:16).

La Louange de Paul.

> *20–21. Or, à celui qui est capable de faire infiniment au-delà de tout ce que nous demandons ou pensons, selon la puissance qui agit en nous, à Lui soit la gloire dans l'Eglise par le Christ Jésus pour toutes les générations, aux siècles des siècles. Amen.*

Paul loue Dieu de ce qu'Il est non seulement capable de faire ce qu'il a demandé en faveur des Éphésiens, mais qu'Il le fera dans une mesure surabondante - d'une manière beaucoup plus grande que nous ne pourrions demander ou comprendre - une mesure qui correspond à la grande puissance de Dieu qui est à l'œuvre en nous. C'est la même puissance qui «*a ressuscité Christ d'entre les morts et L'a fait asseoir à Sa droite dans les lieux célestes*» (Éphésiens 1:20). À Dieu soit la gloire, et qu'Il soit glorifié par l'œuvre de ses propres mains - l'Eglise - à travers tous les temps et l'éternité. Amen.

Chapitre 6. Éphésiens 4:1–32. Une Vie Digne du Christ.

Une Vie Digne du Christ.

1. Je vous exhorte donc, moi, le prisonnier dans le Seigneur, à mener une vie digne de la vocation à laquelle vous avez été appelés.

Paul en appelle aux Éphésiens, du fait qu'il est en prison pour le Seigneur Jésus-Christ. Cela peut sembler étrange comme motif pour un tel appel jusqu'à ce que nous nous rappelions que c'est à cause d'eux, en raison de sa mission parmi les païens, qu'il a été emprisonné. En contrepartie de cette expression de son amour, Paul leur demande un amour réciproque et l'ouverture à son appel. C'est la marque d'humilité de Paul que, dans la mesure du possible, il n'émet pas une commande venant d'un apôtre, mais il fait un appel aimable d'un père ou d'un ami. Son appel est que les chrétiens vivent une vie digne de ceux qui sont appelés à être le peuple du Christ.

2. En toute humilité et douceur, avec patience, vous supportant les uns les autres dans l'amour.

Ceux qui appartiennent à Christ doivent refléter sa nature, en faisant preuve des caractéristiques suivantes:

L'Humilité. Qu'est-ce qu'est l'humilité de pensée et d'action (Matthieu 11:29). La grandeur de l'humilité du Christ s'exprime dans Philippiens au chapitre deux, où nous lisons que bien que Jésus Christ est essentiellement Dieu et un avec Dieu, Il ne s'est pas accroché à Sa dignité divine, mais s'est humilié pour devenir un homme et, finalement, il a été obéissant à Dieu au point de souffrir jusqu'à mort - la mort sur une croix (Phil. 2:5–8).

La Douceur. Être doux c'est être gentil, désintéressé, et non exigeant. En aucun cas, dans les Évangiles nous ne lisons que

Christ était exigeant. Bien que le suivre devait leur coûter tout ce qu'ils avaient, il est remarquable qu'Il n'a jamais personnellement exigé quelque chose pour Lui-même de ses disciples.

La Longanimité. C'est la qualité qui est nous permet d'avoir de la patience envers l'autre. Le Christ doit avoir eu la patience suffisante pour traiter avec ses disciples, qui, encore et encore n'arrivaient pas à comprendre son enseignement ou de croire en sa parole. Ils se disputaient constamment pour savoir lequel d'entre eux serait le plus grand. La seule réponse du Christ à leur orgueil et leur incrédulité était de répéter patiemment ses enseignements sur l'humilité et la foi, jusqu'à ce qu'ils finirent par comprendre.

L'Indulgence. C'est d'avoir de la considération pour l'autre. Cette vertu coule de la précédente. C'est une qualité suprêmement démontrée par le Christ quand Il pria pour ses persécuteurs, en des termes qui démontrent Sa patience autant que Son pardon: «Père pardonne-leur, car ils ne savent pas ce qu'ils font.» Christ s'est rendu compte que l'esprit des gens était aveuglé à la vérité, et il a accepté cela comme raison suffisante pour personnellement excuser leurs actions vers lui. Comme c'est le cas avec tous ses attributs, en termes de sa patience, Dieu n'a pas d'égal, et pourtant les qualités qu'il affiche doivent être imitées par ses enfants.

Toutes ces vertus sont le résultat d'un véritable amour pour le prochain (1 Cor. 13:4). Jésus dit: «*Aimez-vous comme je vous ai aimés*» (Jean 13:34).

   3. S'efforçant de conserver l'unité de l'Esprit par le lien de la paix.

Puisque les croyants sont unis par les liens de l'amour du Christ, nous devons faire tous les efforts pour maintenir l'unité qui a été tissée par le Saint-Esprit, qui a fait de chacun de nous une partie de la même entité.

En termes pratiques, cela implique de cultiver toutes les grâces mentionnées ci-dessus. Le mot «*s'efforçant*» implique que beaucoup d'efforts doivent être déployés. C'est seulement quand nous avons la paix entre nous que nous pouvons être unis comme un seul corps. Clairement un manque d'unité et de paix dans n'importe quelle église attriste le Saint-Esprit de Dieu.

L'Église Unie en Christ.

> *4–6. Il y a un corps et un seul Esprit, comme aussi vous avez été appelés à une seule espérance par votre vocation, un seul Seigneur, une seule foi, un seul baptême, un seul Dieu et Père de tous, qui est avant tout et par tous et en tous.*

Paul souligne que l'unité des chrétiens est le fruit de l'action de Dieu. Alors que les croyants peuvent est différent les uns des autres à bien des égards, il y a:

Un seul corps. Autrement dit, le corps du Christ, son Eglise (Col. 1:18). Il n'y a pas deux églises. Comme pasteur d'une église locale, je l'ai souvent dit de la chaire

«Si vous ne pouvez pas vous entendre avec le peuple de Dieu dans cette église, il n'y a aucune autre église». Puisque nous sommes un seul corps en Christ, nous n'avons pas d'autre choix que d'apprendre comment nous entendre les uns avec les autres: être humble, doux, patient, pardonnant et indulgent et gentil. Trop souvent les chrétiens quittent une église à cause du manque de grâce de certains membres qui les ont agacés ou contrariés. Ils ne se rendent pas compte que Dieu les a placés dans une situation aussi difficile délibérément, afin qu'ils puissent grandir dans les vertus de l'amour, de la patience et du pardon. Ceux qui fuient les problèmes sans avoir pris le temps d'apprendre à aimer n'atteindront jamais leur plein potentiel. Ils seront bloqués dans leur croissance spirituelle.

Un seul Esprit. Si vous êtes rempli de l'Esprit Saint, n'oubliez pas que c'est le même Esprit Saint qui remplit votre frère, tout comme Il a rempli les disciples le jour de la Pentecôte (Actes 2:4). Ce jour-là, hommes et femmes, jeunes et vieux, ceux de différentes races et d'origines sociales, furent tous remplis de l'Esprit Saint dans l'accomplissement de la prophétie de Joël:

Et il arrivera par la suite que je répandrai de mon Esprit sur toute chair; Vos fils et vos filles prophétiseront, vos vieillards auront des songes, vos jeunes gens auront des visions. Et aussi sur mes serviteurs et sur mes servantes je répandrai mon Esprit en ces jours (Joël 2:28–29).

Une seule espérance. Nous partageons une seule espérance de notre appel, car en tant que membres du corps du Christ, nous avons la vie éternelle, et quand nous le verrons, nous serons semblables à Lui pour toujours (1 Jean 3:2). L'anticipation de la venue du Seigneur pour recevoir les siens est mentionnée dans Tite 2:13 comme «*la bienheureuse espérance*». Nous attendons avec espérance ce que nous n'avons pas encore connu, mais qui, comme un héritage, a été fait par notre Dieu, notre bienfaiteur céleste.

Un seul Seigneur. Le credo de l'Eglise primitive était simple - Jésus Christ est Seigneur. Si nous l'appelons Seigneur alors cela signifie que nous devons lui obéir en tant que Seigneur. Beaucoup contestent les enseignements du Christ, pas à cause des difficultés intellectuelles, mais à cause de leur réticence à lui obéir.

Nous pouvons appeler le Christ Seigneur, mais est-ce que nous Lui obéissons comme Seigneur? Dans Luc 6:46, Jésus demande: *«Mais pourquoi m'appelez-vous «Seigneur, Seigneur», et vous ne pas faites les choses que je dis?»*

De toute évidence, le Christ s'attend à ce que la soumission à sa Seigneurie caractérise notre vie de tous les jours, et Il ne doit avoir aucun rival qui occuperait la première place dans nos cœurs.

Une seule Foi. On entend par là notre foi en Jésus-Christ comme Sauveur, par laquelle nous sommes sauvés. Cette foi est le fruit de l'œuvre effectuée par la Parole de Dieu (Rom. 10:17), et c'est le don de Dieu (Éph. 2:8). Il est incorrect pour les chrétiens de se référer à d'autres *fois*, car aux yeux de Dieu ceux qui ne connaissent pas Jésus- Christ n'ont pas de foi, quelle que soit la religion qu'ils professent.

Un seul baptême. Tous ceux qui reçoivent Jésus-Christ comme Sauveur sont tenus par Dieu d'adopter les mêmes moyens de proclamer ou de confesser leur foi et leur conversion: le baptême par immersion complète dans l'eau au nom du Père, du Fils et du Saint Esprit (Matthieu 28:19).

Le mot utilisé est *«baptizio»*, qui signifie littéralement «submerger, d'immerger» et il était utilisé dans le grec parlé de l'époque pour signifier exactement cela. Il est étrange que le mot utilisé dans un texte qui montre l'unité essentielle de tous les croyants devienne la cause de division dans l'Église chrétienne. La question «dois-je baptiser par immersion ou par aspersion?» a divisé l'opinion chrétienne pendant des siècles. La réponse simple à cette question réside dans le sens du mot utilisé dans ce verset, et ailleurs dans le Nouveau Testament. Alors que le baptême par aspersion demeure une alternative populaire à l'immersion totale dans beaucoup d'églises, on devrait toujours se méfier d'attacher un sens aux mots Nouveau Testament qui est inconnu ailleurs dans le texte grec de l'époque. D'autres mots étaient couramment utilisés pour «aspersion», «éclaboussure» ou même «trempage», et si Jésus voulait que ses disciples utilisent ce mode, il aurait utilisé ces mots familiers. Il a délibérément choisi d'utiliser le mot «baptiser» et nous devons choisir de lui obéir totalement.

Bien sûr, ce n'est pas la faute aux églises ou aux pasteurs d'aujourd'hui si le baptême par aspersion est largement pratiqué. C'est une tradition qu'ils ont hérité, mais qu'ils n'ont pas créée. Néanmoins, il serait bien mieux pour toutes les églises de revenir au mode ancien, puisque le baptême par immersion totale a été clairement le commandement de Christ à l'origine, et cela a toujours été la pratique courante de l'Église primitive.

Lorsque les Chrétiens authentiques, qui ont été baptisés par aspersion, me demandent s'ils doivent être de nouveau baptisés par immersion totale dans l'eau, je réponds toujours oui. Cela est nécessaire si nous voulons obéir au commandement du Christ pleinement. Et si nous l'aimons, alors nous ferons tout notre possible pour lui obéir.

Un seul Dieu et Père. «N'avons-nous pas tous un seul père?», (Malachie 2:10). Nous adorons tous le même Dieu, car il n'y a qu'un seul Dieu, et puisque par la nouvelle naissance, nous sommes devenus enfants de Dieu, nous sommes maintenant tous des frères et sœurs en Christ. Etants nés de nouveau de l'Esprit lui-même, dans la même famille, nous devons nous aimer les uns les autres.

Notre Dieu est «*au-dessus de tout et partout*». La tendance de nos jours est d'aduler les hommes plutôt que Dieu, mais dans la communion de l'Eglise, on doit toujours donner sa juste place au Christ. Cette phrase sert une bonne introduction au passage suivant sur le ministère du corps du Christ. Tout comme les hommes servent le Seigneur et travaillent pour lui, c'est Dieu qui travaille dans et par son peuple de diverses manières pour accomplir Sa volonté et Son dessein.

L'édification du Corps du Christ.

> *7. Mais à chacun de nous la grâce a été donnée selon la mesure du don de Christ.*

Bien que les croyants soient un en Christ, nous sommes tous différents et ne sommes pas tous capables de faire les mêmes choses. Par Sa grâce, le Christ a conféré à chacun de nous des dons différents. Plutôt que d'être jaloux de ce que font les autres, nous nous atteler à ce que Dieu nous a appelés à faire, en utilisant les dons qu'il a nous donnés pour le servir et édifier son Eglise.

Dieu nous invite à le chercher et à «convoiter», ou «aspire aux», dons de l'Esprit Saint pour que nous puissions servir son corps (1 Cor. 14:1). Il nous exhorte à «chercher à exceller» dans les dons qui édifient l'Eglise (1 Cor. 14:12). Il ne s'agit pas de s'asseoir et d'attendre que nous recevions des dons. La grâce de Dieu est toujours active, jamais passive, elle a toujours un effet - nous éveillant avec zèle et un désir de recevoir plus de lui et faire plus pour lui. Nous ne sommes pas tous appelés à faire le même travail, mais ceux à qui sont confiés les tâches plus grandes plus de grâce leur sera donnée pour l'accomplissement de leur ministère qui est plus exigeant, car «*chacun a son propre don de Dieu, l'un de cette façon et l'autre d'une autre manière*» (1 Cor. 7:7).

> *8–10. C'est pourquoi il est dit: «Quand il est monté dans les hauteurs, il a emmené des captifs; Il a fait des dons aux hommes.» (Quand il dit: «Il est monté», qu'est-ce que cela signifie, sinon qu'il était aussi descendu dans les régions inférieures de la terre? Celui qui est descendu est le même que celui qui est monté au-dessus de tous les cieux, afin qu'il puisse remplir toutes choses.)*

Paul cite le Psaume 68:18 pour montrer la «mesure du don du Christ». Quand Christ est mort, Il est descendu dans les parties inférieures de la terre, qui est l'Hadès. La descente du Christ aux enfers est l'une des parties les plus controversées et obscures du récit biblique. L'étude des autres versets nous aidera à comprendre ce qu'on entend exactement par cela. Hadès, ou le lieu des morts, se trouve au cœur de la terre et comprend deux sections séparées par un abîme. Jésus a illustré cela en relatant une histoire vraie, celle de l'homme riche et de Lazare dans Luc 16.

La première section est un lieu de punition temporelle pour l'incroyant avant le jugement définitif du grand Trône Blanc, et la punition éternelle. L'autre était un lieu paradisiaque, de réconfort, et de bénédiction, où les fidèles attendaient jusqu'à ce que Christ (en l'esprit, en dehors de son corps) soit descendu vers eux pendant les trois jours entre Sa mort et Sa résurrection. Il leur a annoncé la bonne nouvelle qu'il avait payé le prix de leur rançon, que leur foi a trouvé son accomplissement en Lui, et qu'il était venu les prendre pour les emmener en la présence immédiate de Dieu.

Lors de son ascension, le Christ a pris ces esprits bienheureux avec lui pour les emmener à la maison de son Père dans les cieux, où ils attendent désormais le jour de la résurrection de tous les croyants.

Christ est monté vers le Père, après avoir vaincu Satan, la mort et l'enfer. Ayant obtenu cette victoire, il est capable de libérer ceux qui sont liés par Satan et faire d'eux des enfants de Dieu. C'est ce qu'on entend par l'expression «Il a fait captivité elle-même un captif.» C'est sur nous, les captifs rachetés, qu'il répand ses dons. Quel don vous attendez-vous à recevoir de quelqu'un qui a vaincu toutes choses et remplit le ciel et la terre de Sa présence et Son pouvoir?

Le verset dix indique clairement l'omniprésence du Christ. Non seulement par l'Esprit Saint, mais dans sa propre personne en tant que Dieu le Fils, et homme glorifié, Il est présent partout à la fois.

> *11–13. Les dons qu'il a faits que certains seraient apôtres, prophètes, ou encore évangélistes, pasteurs et enseignants, en vue d'équiper les saints pour l'œuvre du ministère, pour l'édification du corps de Christ, jusqu'à ce que chacun d'entre nous viennent à l'unité de la foi et de la connaissance du Fils de Dieu, à maturité, à la mesure de la stature parfaite de Christ.*

Par sa grâce, Dieu a équipé certains pour la tâche de planter et l'établir des églises où le Christ n'a jamais été annoncé – *les apôtres*. Il a équipé d'autres pour faire connaître ses desseins cachés préalablement aux hommes - *les prophètes*. Il a équipé d'autres encore pour proclamer son invitation par la prédication de l'Evangile pour que les hommes puissent être sauvés – *les évangélistes.* A d'autres, il a donné la grâce d'être les bergers de son troupeau, responsables de les nourrir de Sa Parole - *les pasteurs et les enseignants.*

Il est à noter que ces «dons pour l'œuvre du ministère» diffèrent des dons de l'Esprit Saint. Dans le second cas, les hommes reçoivent des dons, alors que dans le premier cas, les hommes deviennent des dons à l'Église par l'œuvre efficace de la puissance de Dieu dans leur vie.

Il y a des dons différents, mais tous travaillent ensemble dans le même but. Chaque personne a eu la grâce de servir le peuple de Dieu afin que l'Église puisse être édifiée spirituellement. Tous ces différents ministères sont nécessaires pour que ce travail soit accompli.

> *14. Nous ne devons plus être des enfants, ballottés et emportés par tout vent de doctrine, par la ruse des gens, par leur ruse dans les manigances trompeuses.*

Dieu donne aux hommes et aux femmes des dons pour tous ces ministères afin que l'Église puisse être fondée et établie dans la foi, sans que personne ne s'en écarte à cause d'innombrables faux enseignements de ceux qui cherchent délibérément à les induire en erreur.

> *15–16. Mais disant la vérité avec l'amour, nous grandirons à tous égards en celui qui est le chef, Christ, de qui tout le corps, bien ordonné et cohérent, grâce à toutes les articulations qui le soutiennent fortement, tire son accroissement dans la mesure qui convient à chaque partie, et s'édifie lui-même dans l'amour.*

«*Dire la vérité avec l'amour*» signifie étant motivé par l'amour pour enseigner les doctrines de la Parole de Dieu afin d'édifier l'Église. Tandis que cela est fait, nous grandissons tous ensemble dans la ressemblance du Christ.

Christ Lui-même, qui a conduit le corps dans son existence unifiée, est Celui qui donne de la force pour que chaque partie fasse son travail. Tout comme dans la nature, le corps est responsable de sa propre croissance, donc en utilisant avec amour les dons que le Christ nous a accordés, nous sommes responsables de l'édification de l'Eglise, et nous assumons tous une certaine mesure de responsabilité envers l'autre. Quand Caïn a demandé: «*Suis-je le gardien de mon frère?*» il n'a pas reçu de réponse, car là n'était pas sa vraie question. Dans le Nouveau Testament, cependant, il est clair que nous sommes tous, dans une certaine mesure, responsables les uns des autres. Certains, bien sûr, reçoivent une plus grande part de responsabilité que les autres. Les pasteurs et les anciens rendront compte à Dieu pour leurs congrégations (Hébreux 13:17). Marcher avec le Christ, en cherchant à maintenir l'unité de l'Eglise et en édifiant d'autres croyants sont tous partie d'une vie «*digne du Seigneur.*»

Vie Digne de Christ.

> *17–18. Maintenant, ce que j'affirme et que j'atteste dans le Seigneur: vous ne devez plus marcher comme les païens, qui marchent selon la futilité de leurs esprits. Ils sont obscurcis dans leur compréhension, étrangers à la vie de Dieu à cause de leur ignorance et de la dureté du cœur.*

Reprenant le thème de la vie «digne du Seigneur», Paul, avec l'autorité qu'il a reçue comme un apôtre de Jésus- Christ, insiste sur un haut standard de moralité au sein de l'Eglise. Puisque par Jésus-Christ nous sommes «nés de nouveau», nous ne devrions plus faire ces choses qui appartiennent à notre vieille nature, comme en font des incroyants faire, car ils sont séparés de Dieu par leur péché, et la dureté de leur cœur impénitent (Rom. 1:28).

Puisque ils n'ont que la vieille nature, qui ne peut porter du fruit pour Dieu, et puisqu'ils n'ont aucune connaissance des choses de Dieu, ils sont incapables de lui plaire (Rom. 8:8). Le mot «futilité» signifie «vide» - leurs esprits sont totalement dépourvus d'intelligence spirituelle. Ceux qui n'ont pas part à la vie du Dieu qui est lumière demeurent dans les ténèbres de l'ignorance spirituelle.

Ils ont perdu tout sens moral, ils sont abandonnés à la licence, avides de pratiquer toutes sortes d'impuretés.

Pourtant, leur ignorance ne consiste pas à ne pas savoir, mais de ne pas vouloir savoir. Ils ont rejeté la vérité qu'ils ont reçue à travers la création et l'Evangile; ils ont réussi à fermer la bouche de la conscience que Dieu leur a donnée. Ils l'ont si souvent ignorée qu'ils n'en sont plus sensibles. Ils sont donc insensibles (1 Tim. 4:2). Ils ont fait cela afin qu'ils puissent constamment se livrer à toute forme d'impureté, que leurs désirs dépravés suggèrent et demandent.

> *20–21. Ce n'est pas la façon dont vous avez appris Christ! Car sûrement vous avez entendu parler de lui et vous avez été enseignés en Lui, comme la vérité est en Jésus.*

Ce n'est pas le cas pour ceux qui appartiennent à Jésus-Christ. Nous avons entendu sa voix (Jean 10:27), et avons été chargés par Sa Parole quant à la façon de vivre la vie chrétienne. Nous avons l'exemple du Christ lui-même, son enseignement et la vie qui habite en nous pour révéler la vérité et nous conduire dans les voies droite de Dieu.

> *22–24. On vous appris à vous dépouiller de votre ancien mode de vie, votre vieille nature, corrompue et trompée par ses*

convoitises, et à être renouvelés dans l'esprit de votre intelligence, et de revêtir la nouvelle nature, créée à la ressemblance de Dieu dans la justice et la sainteté.

Grâce à la vérité, le Christ nous a appris à nous dévêtir des choses liées au péché qui autrefois nous tenait en état d'esclavage, et de permettre à l'Esprit Saint de renouveler notre esprit pour que nous puissions avoir part à Son esprit et Sa nature (Romains 12:2 ; Col. 3:10).

De Jésus, nous avons appris à «abandonner les vieux péchés et de cultiver de nouvelles grâces», qui est ma paraphrase d'un commentaire par F.F Bruce. Les croyants sont «renouvelés», ayant une nouvelle nature créée par Dieu à travers Jésus Christ (2 Cor. 5:17). La nouvelle nature est la nature du Christ. Elle est donc sans péché ou désirs corrompus. Et quand nous sommes prêts à nous soumettre à cette nouvelle nature, elle nous conduira directement dans la droiture et la sainteté.

Dans les versets suivants, Paul explique cet enseignement de manière pratique, en comparant notre ancienne vie de péché à la vie nouvelle que nous avons en Christ.

25. Alors, renonçant au mensonge, nous devons tous dire la vérité à notre prochain, car nous sommes membres les uns des autres.

Ne mentez pas, car le diable est le père du mensonge (Jean 8:44). Au lieu de cela, soyez honnêtes les uns avec les autres, car Dieu, dont nous partageons la nature maintenant, est le Dieu de vérité. Puisque nous faisons tous partie du corps du Christ, mentir à un chrétien c'est mentir à Christ Lui-même.

26. Si vous vous mettez en colère, ne péchez pas; ne laissez pas le soleil se coucher sur votre colère.

Quand nous sommes en colère, nous ne devons pas perdre notre sang-froid, car cela signifie que nous avons perdu contrôle de nous-mêmes et cela va nous faire commettre un péché. Il est toujours important de faire face à la colère sans tarder. On ne doit pas le garder dans son cœur, même pas le temps d'une journée, car elle va provoquer beaucoup de peine. Nous devons régler la question le jour même.

27. Et ne donnez pas accès au diable.

Si nous gardons notre colère contre quelqu'un, surtout contre un autre chrétien, le diable va être rapide pour profiter pleinement de la situation, en exagérant l'argument hors de toute proportion pour faire des dégâts dans lesquels il prend plaisir. Nous ne devons pas lui donner une occasion de le faire .Les mots «donner accès» signifient «donner une occasion» (1 Pierre 5:8).

28. Les voleurs doivent cesser de voler; qu'ils travaillent honnêtement de leurs propres mains, afin d'avoir quelque chose à partager avec les nécessiteux.

La personne qui avait l'habitude de voler devrait plutôt gagner honnêtement sa vie. En faisant cela, il ou elle ne pourvoira pas seulement pour ses propres besoins, mais il en aura assez pour partager avec les autres qui sont dans le besoin.

De sorte que le voleur qui est sauvé par le Christ soit mieux connu pour sa libéralité que pour le vol.

29. Qu'aucun mal ne sorte de votre bouche, mais seulement ce qui est utile pour l'édification, selon les besoins, afin que vos mots puissent communiquer la grâce à ceux qui l'entendent.

La personne qui a la bouche immonde devrait s'abstenir

d'utiliser un langage grossier. La personne qui avait l'habitude d'écraser les gens et parler mal d'eux doit apprendre à prononcer des paroles gracieuses, afin d'édifier les autres, des paroles qui vont les encourager par la grâce de Dieu (Col. 3:16).

L'auteur de ces lignes atteste par expérience qu'il y a eu des moments où un simple mot d'encouragement a transformé les ténèbres du désespoir en lumière de l'espoir renouvelé et la foi. Telle est la puissance d'un simple mot attentionné.

30. Et n'attristez pas le Saint-Esprit de Dieu, par lequel vous avez été marqué d'un sceau pour le jour de la rédemption.

Ne faites rien qui puisse attrister le Saint-Esprit. Ne Le repoussez pas, n'ignorez pas Sa condamnation, ne rejetez pas Son conseil. Car Dieu L'a mis comme un sceau sur nous, le signe de sa propriété (Ephésiens 1:13), et comme le gage de l'héritage qui sera un jour le nôtre quand nous rencontrerons Christ face à face et que nous serons changés à sa ressemblance afin de partager sa gloire éternelle.

Cette vérité est mieux illustrée au marché lors de la vente des moutons. L'acheteur achète des moutons pour augmenter son troupeau. Mais il ne les emmène pas chez lui tout de suite. Ils sont scellés de sa marque, propre et unique, jusqu'à ce qu'il puisse revenir avec un moyen de transport pour les ramener chez lui. Ainsi le Christ a racheté le croyant avec son précieux sang, et notre réception de l'Esprit Saint est Sa marque de propriété sur chacun de nous, une garantie qu'il reviendra à une date ultérieure pour nous réclamer comme Sa propriété.

Maintenant que nous sommes à Lui, et que nous avons l'Esprit comme gage que nous lui appartenons, si nous attristons ou rejetons le Saint-Esprit, nous refusons Sa marque de propriété sur nous, et, par conséquent, Sa Seigneurie.

Si Paul a jusqu'ici eu pour préoccupation que les croyants doivent maintenir un certain niveau dans leur comportement, il est tout aussi préoccupé qu'ils devraient faire de même dans leur attitude, l'homme intérieur du cœur.

> *31. Rejetez loin de vous toute amertume, colère, irritation, querelles et calomnies, ainsi que toute toute malice.*

La vie que nous avons vécue en dehors de Christ a été caractérisée par la froideur, l'amertume, la mauvaise humeur, le ressentiment, l'esprit de querelle, la calomnie, et la malice (mauvais sentiment qui nous nuit ou nous pousse à nuire aux autres). Maintenant que nous sommes en Christ, nous devons en finir avec.

> *32. Soyez bons les uns les autres, tendres, vous pardonnant réciproquement, comme Dieu dans le Christ vous a pardonnés.*

La nouvelle nature que nous partageons avec le Christ doit se manifester par la bonté, la compassion et la compréhension. Les enfants de Dieu doivent être aimables, se pardonnant mutuellement, comme Dieu nous a pardonnés (Marc 11:25–26).

C'est un thème important et récurrent dans l'enseignement du Christ, que Paul élabore de façon plus détaillée dans le chapitre suivant, à savoir que les enfants de Dieu doivent être comme leur Père. Puisque Dieu est amour, nous devons aimer, et puisque Dieu pardonne et nous devons pardonner.

La parabole que Jésus a dite au sujet du serviteur impitoyable (Mt.18:21–35) illustre la priorité que Dieu accorde au pardon que nous devons aux autres, comme le démontrent les paroles de la prière du Seigneur dans Matthieu 6:12 «*Pardonne-nous nos offenses, comme nous aussi nous avons pardonné à ceux qui nous ont offensés.»*

Un cœur qui n'est pas ouvert pour accorder le pardon n'est pas ouvert, non plus, pour recevoir le pardon. C'est pourquoi Jésus dit: «lorsque vous êtes debout en prière, pardonnez, si vous avez quelque chose contre quelqu'un, afin que votre Père dans les cieux vous pardonne aussi vos offenses» (Marc 11:25).

Le pardon que nous offrons à d'autres révèle la profondeur de notre gratitude pour la mesure avec laquelle Dieu nous a pardonné.

Chapitre 7. Éphésiens 5:1–33. Les Enfants de Dieu.

Les Enfants de Dieu Doivent Marcher dans L'amour.

1–2. Soyez donc imitateurs de Dieu, comme des enfants bien-aimés, et vivez dans l'amour, comme le Christ nous a aimés et s'est livré pour nous, comme une offrande et un sacrifice de bonne odeur à Dieu.

Ma fille n'a pas encore commencé l'école, mais elle va prendre une Bible et y plonger le regard avec un grand intérêt. Bien sûr, elle ne peut pas lire, alors que fait-elle? Elle imite son père qui fait exactement la même chose chaque matin. Puisque nous sommes enfants de Dieu, nés de son Esprit, nous devons démontrer que nous sommes participants de la nature divine, en affichant Ses caractéristiques dans notre vie (2 Pierre 1:4).

A la fin du chapitre précédent, Paul nous a dit de «*pardonner les uns les autres, comme Christ nous a pardonné*». Quand nous pardonnons, nous suivons l'exemple de Dieu. Nous pardonnons parce qu'Il pardonne. En tant qu'enfants de Dieu qui est amour, nous aussi nous devons marcher dans l'amour, tout comme le Christ a montré son amour pour nous par sa mort sur la croix. Les Chrétiens ne sont pas en mesure de démontrer l'amour de Dieu, un amour qui s'étend même à nos ennemis, par leur propre force, mais nous pouvons recevoir cet amour de Dieu Lui-même, comme le Saint-Esprit le déverse dans nos cœurs (Rom. 5:5).

En nous décrivant comme des «*enfants bien-aimés*», Paul emploie une expression qui a été précédemment utilisée de Jésus. Dieu dit de Lui «Ceci est mon Fils bien-aimé» (Matthieu 3:17).

L'utilisation de ce terme attendrissant révèle que Dieu aime ses enfants autant qu'Il aime Son Fils unique. Les croyants sont désormais inclus dans l'amour que Dieu a pour le Seigneur Jésus-Christ. L'amour du Christ pour nous, c'est ce qui L'a conduit à offrir sa vie *«comme une offrande et un sacrifice de bonne odeur à Dieu.»* Notre vie dans l'amour comme les imitateurs de Dieu rappelle Sa vie agréable, un parfum de bonne odeur à Dieu.

Il est à noter que plusieurs des sacrifices de l'Ancien Testament ont été décrits comme étant un «arôme odorant». Les voici:

L'holocauste. (Exode 29:18). Ce sacrifice animal devait être offert entièrement et il est une figure de la soumission totale du Christ à la volonté de son Père et de l'offre complète de sa vie sur la croix. Il nous invite à répondre à l'engagement du Christ et à son sacrifice par notre engagement total à lui.

L'offrande de fleur de farine. (Lev. 23:13). La farine devait être offerte sans levain, une référence au caractère parfait de Christ.

L'offrande de paix. (Lévitique 4:31). Une figure de la paix réalisée entre Dieu et l'homme par l'œuvre du Christ sur la croix.

La libation. (Nombres 15:10). Une figure de notre joie dans le Seigneur, le résultat du fait que Christ a bu la coupe de la colère de Dieu jusqu'à la lie pour nous (Matthieu 26:42). Comme Anne R. cousin l'exprime dans l'hymne intitulé «Ô Christ, quels fardeaux ont fait courber ta tête»:

«La mort et la malédiction étaient dans notre coupe: Ô Christ, elle fut remplie pour Toi;

Mais tu l'as bue jusqu'à la dernière goutte noire, Elle est vide maintenant pour moi.

Cette coupe amère, l'amour l'a bue complètement; Maintenant la bénédiction est pour moi.»

Tous ces sacrifices étaient une figure du sacrifice suprême que le Christ a fait par amour pour nous.

Les Enfants de Dieu Doivent Marcher dans la Lumière.

> *3–4. Que la fornication et qu'aucune espèce d'impureté ni cupidité, ne soient même nommées parmi vous, comme il convient à des saints. Qu'on n'entende ni paroles déshonnêtes, ni propos insensés de parler, ni plaisanteries, choses qui sont contraires à la bienséance; mais qu'on entende plutôt des actions de grâces.*

L'Écriture déclare que «Dieu est lumière, et en Lui il n'y a point de ténèbres» (1 Jean 1:5). Il nous a fait sortir des ténèbres pour être dans son admirable lumière (1 Pierre 2:9), et maintenant que nous sommes tous fils de la lumière, nous voulons éviter les actes de l'obscurité. Nous ne devons rien avoir à faire avec un tel comportement, tout comme la lumière n'a rien à voir avec les ténèbres. Comme nous partageons la nature de Dieu, nous devrions éviter tout comportement qui s'oppose à sa nature, y compris:

La Fornication. Autrement dit, l'immoralité sexuelle. Cela comprend des rapports sexuels en dehors du mariage, l'adultère, ou tout autre acte qui est contre les lois de Dieu sur la sexualité.

L'Impureté. Ce qui résulte des actions de notre convoitise. Alors que cela peut inclure le désir sexuel et des comportements sexuels malsains, comme l'utilisation de la pornographie, le mot «impureté» a plus à voir avec la sensualité que la sexualité. Tout ce qui a trait à l'appétit et les sens charnels.

La Cupidité. Voulant posséder plus que ce que vous avez ou ce dont vous avez besoin, c'est cela la convoitise, qui, comme Paul dit au verset cinq, est semblable au culte des idoles.

La Souillure. C'est l'obscénité, les propos grossiers, ou l'indécence.

Les Propos insensés. Signifiant le parler idiot ou stupide qui ne profite à personne, qui peut même causer une offense, car c'est un manque d'égard envers les autres.

La Plaisanterie. Nulle part dans la Bible ni Dieu ni Jésus- Christ n'a raconté quelque blague, et nous devons suivre leur exemple. Beaucoup de blagues se disent, même par certains chrétiens, sur Dieu, Jésus, ou la Bible et elles ne sont rien de moins que blasphématoires.

Les trois derniers points ont trait à notre parler. Les chrétiens devraient être très prudents de ce qu'ils disent. Non seulement ces choses ne doivent pas être pratiquées par les chrétiens, mais ils ne devraient même pas en parler (v12). Il n'est pas bon pour le peuple saint de Dieu de prendre part à de telles conversations. Au lieu de cela, nos paroles doivent édifier les autres et démontrer notre reconnaissance envers Dieu.

> *5. Soyez sûr de cela, qu'aucun fornicateur, ni personne impure, ni celui qui est avide (qui est un idolâtre), n'a d'héritage dans le royaume de Christ et de Dieu.*

Ces questions doivent être prises au sérieux, car ceux qui font ces choses n'ont aucune part dans le royaume éternel où le Christ habite (Apocalypse 22:14–15). Ceux qui suivent habituellement le chemin des ténèbres ne peuvent espérer entrer dans le royaume de la lumière éternelle.

> *6–7. Que personne ne vous séduise par de vaines paroles, car c'est à cause de ces choses que la colère de Dieu vient sur ceux*

qui sont désobéissants. Par conséquent, ne vous associez pas avec eux.

Nous ne devons pas être pris au piège par ceux qui nous trompent en contredisant ce qui est écrit dans la Parole de Dieu, car la colère de Dieu viendra sur tous ceux qui sont désobéissants et s'opposent à Sa Parole, y compris tous ceux, quelle que soit leur profession de foi, qui vivent dans les ténèbres plutôt que dans la lumière. Les Chrétiens ne devraient pas s'associer à ceux qui vivent de cette façon ni participer dans leurs conversations malsaines. Les enfants de Dieu doivent être séparés et différents du monde autour d'eux (2 Cor. 6:14–18).

8–10. Autrefois vous étiez ténèbres, mais maintenant vous êtes lumière dans le Seigneur. Marchez comme des enfants de lumière (pour le fruit de l'Esprit est en toute bonté, dans la droiture et la vérité), découvrez ce qui est acceptable pour le Seigneur.

Nous étions autrefois morts dans nos transgressions et nos péchés, vivant dans les ténèbres spirituelles, jusqu'à ce que Christ nous a libérés et nous a fait entrer dans sa lumière glorieuse. Maintenant que nous sommes des fils de lumière, nous devons marcher dans la lumière (1 Jean 1:5–7).

Comme nous permettons à l'Esprit Saint d'œuvrer dans notre vie, il nous rend de plus en plus semblable à Jésus, en produisant le fruit de la bonté, la bonne vie, et la sincérité du cœur. Comme nous Lui permettons de sonder nos cœurs par sa Parole vivante, nous allons apprendre ce qui plaît au Seigneur, et Il nous révélera également le comportement ou les attitudes qui ne lui plaisent pas, afin que nous les corrigions. C'est ce que Paul veut dire en «nous dépouillant du vieil homme et la revêtant l'homme nouveau.»

> *11–14. Ne prenez aucune part aux œuvres stériles des ténèbres, mais plutôt condamnez-les. Car il est honteux de parler de ce que les gens font secrètement, mais tout devient visible par la lumière, car tout ce qui devient visible est la lumière. Par conséquent, il dit, «Réveille-toi, toi qui dors, Réveille-toi d'entre les morts, et Christ t'éclairera.»*

Les œuvres des ténèbres ne profitent pas à ceux qui y vivent. Comme des enfants de lumière, nous ne devrions avoir rien à faire avec de tels actes ni avec ceux qui les pratiquent. C'est une honte, même de parler de ces choses. Nous devons plutôt les exposer pour ce qu'ils sont - ensuite la conviction tombera sur ceux qui les pratiquent (Jean 3:19–21; 15:22).

Comme nous laissons briller la lumière du Christ à travers nos actes, elle va révéler l'obscurité dans ceux qui vivent autour de nous. Chaque fois que quelqu'un est convaincu par un sens de ses péchés, par une telle conviction de l'Esprit Saint, et répond à la possibilité qui lui est accordée par l'Evangile de se repentir et de venir à Christ (c'est ce qu'on entend par le défi être éveillé ou se lever), Il va les transformer, les amenant des ténèbres à la lumière et de la mort spirituelle à la vie éternelle.

Les Enfants de Dieu Doivent Marcher dans la Sagesse.

> *15–17. Soyez prudents donc comment vous vivez, non pas comme des gens insensés, mais comme des sages, rachetez le temps, car les jours sont mauvais. Alors ne soyez pas inconsidérés, mais comprenez quelle est la volonté du Seigneur.*

Puisque nous ne sommes plus ignorants de la Parole de Dieu, nous devons être prudents pour marcher dans ses voies. Nous sommes appelés à comprendre Sa volonté, comme il l'a révélée à travers Sa Parole, et nous donner pour but de vivre selon cette volonté. Nous devons tirer le meilleur parti du temps et des opportunités que nous avons à servir Dieu dans ce présent siècle mauvais. Les chrétiens ne doivent jamais être imprudents, car nous avons tous été rendus sages au sujet du salut (2 Tim. 3:15).

Puisque nous avons reçu l'esprit du Christ (1 Cor. 2:16), nous devrions être en mesure, comme la Parole de Dieu est expliquée, de comprendre quelle est la volonté du Seigneur. Plus nous soumettons notre vie à la Seigneurie du Christ, plus nous allons réaliser la manifestation de sa volonté. Comme Paul écrit aux Romains:

Je vous exhorte donc, frères, par les compassions de Dieu, à offrir vos corps comme un sacrifice vivant, saint, agréable à Dieu, ce qui est votre culte raisonnable. Et ne vous conformez pas au siècle présent, mais soyez transformés par le renouvellement de votre esprit, afin que vous discerniez quelle est cette bonne et agréable et parfaite volonté de Dieu. (Rom. 12:1–2).

> *18–19. Ne vous enivrez pas de vin, car c'est la débauche, mais soyez remplis de l'Esprit; entretenez-vous par des psaumes, des hymnes et des cantiques spirituels, chantez et célébrez le Seigneur dans vos cœurs.*

«Ne vous enivrez pas de vin, tant de maux se trouvent dans cette voie.» Qui a dit que la Bible ne dit pas aux chrétiens de ne pas boire de l'alcool? Toutes les références à des boissons fortes dans la Bible sont négatives. Si nous voulons «racheter notre temps», alors perdre notre temps dans l'ivresse est clairement hors de question. Plutôt que d'être ivre de boisson, le croyant doit d'être continuellement remplis de l'Esprit Saint. Être rempli de l'Esprit, notre voix doivent être employée dans l'édification des uns et des autres en récitant: des *psaumes* – les Saintes Ecritures en vers; des *hymnes* - chants et mots inspirés par l'Esprit, et des *cantiques spirituels* - les mots qui sont inspirés directement par le Saint-Esprit et peut-être dans notre propre langue ou en langues. «*Célébrer dans vos cœurs*» c'est faire un bruit joyeux de notre cœur vers le Seigneur, avec ou sans paroles intelligibles.

> *20. Rendant grâces à Dieu le Père en tout temps et pour tout dans le nom de notre Seigneur Jésus-Christ.*

À chaque occasion, nous devons rendre grâces à Dieu notre Père pour toutes choses au nom de notre Seigneur Jésus-Christ. Si nous sommes soucieux de connaître la volonté de Dieu pour nos vies, Paul nous assure que rendre grâces est toujours la volonté de Dieu (1 Th. 5:18).

> *21. Soyez soumis les uns aux autres dans la crainte de Christ.*

L'atmosphère dans laquelle nous adorons doit être l'une de vénération pour Dieu et d'humilité envers les hommes; nous devons nous soumettre les uns aux autres (Prov. 9:10 et 15:33). La soumission implique une attitude en toute humilité, et non pas la servilité. Nous devons avoir une bonne estime de nous-mêmes, mais nous devons à d'autres la même estime, rien de moins, en fait nous devons avoir une plus forte estime pour eux.

Les Enfants de Dieu Doivent lui Rendre Hommage dans Leurs Relations.

En traitant des relations humaines, il est significatif que Paul commence avec la relation la plus fondamentale de toutes, celle de l'époux et l'épouse, qui est la base de l'unité familiale et donc de la société dans son ensemble.

Les Épouses et les Maris.

Dans la relation entre mari et femme, les chrétiens doivent honorer Dieu en obéissant à ses instructions. Que sont- elles?

> *22–24. Femmes, soyez soumises à vos maris comme au Seigneur. Car le mari est le chef de la femme, comme Christ est le chef de l'Eglise, le corps dont il est le Sauveur. Tout comme l'Eglise est soumise à Christ, les femmes doivent aussi l'être, en toutes choses, à leurs maris.*

Les épouses doivent «se soumettre» à leurs maris. Le mot utilisé indique un acte volontaire plutôt qu'une soumission forcée par le mari. Le Nouveau Testament Amplifiée se lit «Femmes, adaptez-vous à votre maris». La femme doit s'adapter à son époux, plutôt que l'inverse, et elle doit le faire en toutes choses, comme un acte de dévouement et de service pour le Seigneur.

Ceci doit être compris dans le contexte de l'ordre de Dieu dans la Création. Comme l'homme est destiné à être le chef de l'unité familiale (ayant été créé en premier) il s'ensuit que la nature de l'homme est de conduire plutôt que de suivre. Alors que de nombreuses femmes ont été de grands leaders dans l'histoire, même l'histoire biblique, le fait demeure que c'est par la nature plus facile pour une femme de s'adapter à un homme, qu'a un homme de changer ses manières pour s'adapter à une femme. L'homme n'était tout simplement pas fait de cette façon!

Cela ne veut pas dire qu'un homme ne doit pas s'ajuster aussi; inévitablement, il le faut, car le mariage se maintient par un processus d'échange réciproque, donnant donnant. Mais le fait demeure que la femme doit prendre l'initiative dans ses efforts pour s'adapter. Même les plus grands leaders féminins du monde ont jugé qu'il était nécessaire de s'adapter en quelque sorte à leurs maris, afin de maintenir une vie familiale équilibrée. Quand elles ne l'ont pas fait, le mariage s'est terminé par un échec en général.

Elle doit donner au mari sa place en fonction de l'ordre des choses déterminé de Dieu. Puisqu'il est le chef de la femme, il est responsable pour elle et pour le ménage, de veiller que toutes les choses sont gérées selon la parole de Dieu. De toute évidence, les épouses chrétiennes ne doivent jamais prendre de décisions importantes, indépendamment de leurs maris.

> *25, 28 et 29. Maris, aimez vos femmes, comme Christ a aimé l'Eglise et s'est livré pour elle. De la même manière, les maris doivent aimer leurs femmes comme ils le font de leur propre corps. Celui qui aime sa femme s'aime lui-même. Personne n'a jamais haï son propre corps, mais il le nourrit et en prend soin avec tendresse, comme Christ le fait pour l'Eglise.*

En contrepartie de cette «adaptation» altruiste par son épouse, le mari doit aimer sa femme dans la mesure où, jour après jour, il donne sa propre vie pour elle. Tout comme il aime, nourrit et prend soin de son propre corps (on ne déteste et on ne néglige pas sciemment son propre corps), donc son amour va l'amener à pourvoir, protéger, et estimer sa femme. Si elle n'est pas pour prendre des décisions sans lui, alors il ne prendra pas de décision sans la consulter au préalable avec égard.

La théologie de Paul concernant les genres est plus proche de l'égalité que beaucoup supposent. Les deux ont de différentes manières de s'adapter et de changer, d'aimer et de renoncer à leur propre vie au nom de l'autre. Mais dans ce contexte, Dieu exige que l'homme soit responsable en dernier ressort devant lui en tant que chef de la famille.

31. Pour cette raison, l'homme quittera son père et sa mère, et s'attachera à sa femme, et les deux deviendront une seule chair.

Cette citation est tirée de Genèse 2:24. Quand un homme quitte son père et sa mère pour prendre une femme, il s'unit à elle et devient un seul corps. Il commence sa propre famille avec sa femme comme son père et sa mère avait fait avant lui. Il est important de souligner que, puisque la relation mari-femme est à la base même de la société, la façon dont cette relation est menée au sein de l'Eglise est d'une importance suprême.

33. Chacun d'entre vous, cependant, doit aimer sa femme comme lui-même, et une femme doit respecter son mari.

Chaque mari, sans exception, doit aimer sa femme comme il s'aime lui-même, et chaque femme doit respecter son mari. Elle doit «prendre compte de lui; suscite l'admiration pour lui et pour ce qu'il fait; le considérer et l'honorer et le préférer avant tout le monde». (Nouveau Testament Amplifiée).

La relation du Christ à son Eglise.

32. C'est un grand mystère, et je l'applique au Christ et à l'Eglise.

Dans ce qu'il appelle un mystère, Paul compare la relation entre un mari et une femme à la relation entre Christ et Son Église.

23–24. Car le mari est le chef de la femme, comme Christ est le chef de l'Eglise, le corps dont il est le Sauveur. Tout comme l'Eglise est soumise à Christ, les femmes aussi doivent l'être, en toutes choses, à leurs maris.

Le Christ est le chef de son Église, et comme tel il la contrôle et y occupe la place prééminente (Col. 1:18). Comme notre Sauveur et Seigneur, Il a le droit de s'attendre à notre obéissance complète et notre la soumission.

> *25–27. Maris, aimez vos femmes, comme Christ a aimé l'Eglise et s'est lui-même livré pour elle, afin de la sanctifier par la parole, après l'avoir purifiée par le baptême d'eau, afin de la présenter à lui-même toute resplendissante, sans tache ni ride ni rien de semblable, mais sainte et irrépréhensible.*

L'amour du Christ pour son Église était si grand qu'Il a donné Sa vie afin de la sanctifier en la mettant à part comme la sienne, la purifiant par Sa Parole (Jean 17:17). La Parole de vérité concerne ce que le Christ a fait pour nous. Grâce à l'application de l'Esprit Saint, elle purifie l'âme humaine, car c'est quand nous croyons en l'Evangile du Christ que nous sommes purifiés.

Le but de Christ en donnant sa vie pour l'Église est de la prendre comme son épouse, comme une vierge chaste qui n'a d'yeux que pour Lui (2 Cor. 11:2), avoir sans aucune tache dans les yeux de Dieu (Hébreux 10:10).

> *29–30. Car personne n'a jamais haï son propre corps, mais il le nourrit et en prend soin avec tendresse, comme Christ le fait pour l'Eglise, parce que nous sommes membres de Son corps.*

En tant que chef de son Église, le Christ exerce ses fonctions parfaitement, donnant le même amour et la même attention individuellement à chaque membre de Son corps. Il pourvoit toutes choses pour Son Église, la nourrissant en l'édifiant et en prenant soin d'elle. Le Christ chérit son Église, en la tenant en haute estime, car elle est son trésor particulier, racheté à un coût inestimable. Les mots «une seule chair» (V31) peuvent vraiment être appliquée à la relation de Christ avec Son Eglise, car *«celui qui s'attache au Seigneur forme un seul esprit avec Lui»* (1 Corinthiens 6:17).

Il est caractéristique de Paul, que tout en donnant des conseils les plus pratiques et l'enseignement aux couples mariés, que son cœur et son esprit ne sont jamais loin des réalités éternelles du monde invisible qui est caché avec Christ en Dieu. Dans l'unité entre les maris et leurs épouses Paul voit un parallèle avec la relation de Christ à son Église, et ses pensées s'entremêlent jusqu'à ce qu'ils soient presque un dans ce passage sublime. Toutes les instructions que Paul donne aux maris et leurs épouses sont basées sur la relation du Christ avec Son Église. L'esprit de Paul est encore sur le thème de la première partie du chapitre, car dans le mariage en particulier, les croyants doivent «*suivre son exemple*».

Chapitre 8. Éphésiens 6 :1–24. Enfants de Dieu (suite).

Enfants et Parents.

Dans chaque famille chrétienne, Dieu s'attend à ce que les parents élèvent leurs enfants à connaître le Seigneur Jésus-Christ et à suivre Ses voies et Sa volonté pour leur vie. Un moyen important de faire cela est d'instruire les enfants dans la Parole de Dieu, comme Paul écrit à Timothée:

«Dès l'enfance tu connais les Saintes Écritures qui sont capables de te rendre sage en vue du salut par la foi en Jésus-Christ» (2 Tim. 3:15).

La Bible indique clairement que c'est le devoir des parents, et pas seulement les serviteurs de Dieu ou les moniteurs de l'école du dimanche, d'instruire leurs enfants dans les voies de Dieu. *«Et ces paroles que je te prescris aujourd'hui seront dans ton cœur. Tu les inculqueras à tes enfants.»* (Deutéronome 6:6–7).

> *1. Enfants, obéissez à vos parents dans le Seigneur, car cela est juste.*

Les enfants doivent obéir à leurs parents, pour ce qui est juste et agréable aux yeux de Dieu. Paul ne considère pas le cas où les souhaits d'un parent s'opposent à ceux du Christ, une situation très difficile à laquelle tout enfant chrétien a à face, surtout lorsque les parents ne partagent pas sa foi. De toute évidence, la règle générale, même dans ces situations-là est que les enfants doivent obéir à leurs parents, mais Dieu défend la liberté de chaque personne (y compris les enfants) de résister à ce qu'ils considèrent incorrect. La loi du Christ dans nos cœurs est plus grande encore que la loi de nos parents.

Un bon exemple de l'obéissance d'un enfant est celui du Seigneur Jésus-Christ Lui-même, car quand il avait douze ans,

Marie sa mère et Joseph, qui ne comprenaient pas sa mission, ou ce qu'il était venu faire, le gronda d'être resté à Jérusalem sans leur consentement. A cette occasion-là, «Il est rentré avec eux à Nazareth et il leur était soumis» (Luc 2:51). Pourtant, il n'a pas été dissuadé de vivre Sa vie pour Dieu son Père, et obéir à Ses commandements. Au temps indiqué, il commença son ministère terrestre.

Il est également à noter que le Christ a pris sa responsabilité de prendre soin de ses parents très au sérieux. Même au moment où il rendait l'âme sur la croix, Il a fait provision pour Marie, sa mère, pour qu'elle soit prise en charge par l'apôtre Jean (Jean 19:26 - 27). Ceci est l'accomplissement du commandement dont Paul parle dans les deux versets suivants.

> 2–3. «Honore ton père et ta mère» - c'est le premier commandement avec une promesse: «afin que tu sois heureux et que tu vives longtemps sur la terre.»

Paul en appelle à Ex. 20:12 pour montrer que l'obéissance aux parents a toujours été la volonté de Dieu, et l'un des dix commandements. Les autres commandements exigeaient l'obéissance sans récompense, mais ici Dieu promet une bénédiction pour ceux qui obéissent, «que tu sois heureux et que tu vives longtemps sur la terre.» Être en harmonie avec Dieu et avec nos parents c'est faire l'expérience d'un sentiment de paix et de bien-être qui va rendre prospère notre vie et l'allonger.

Le mot «honorer» signifie plus que l'obéissance, car il dénote également l'idée de prendre soin et faire provision, surtout dans la vieillesse. Tout comme les parents s'occupent des enfants quand ils sont jeunes et incapables de s'occuper d'eux-mêmes, ainsi il est prévu que les enfants chrétiens en fassent de même pour leurs parents quand ils sont vieux et ne sont plus capables de prendre soin d'eux-mêmes. L'enseignement de Paul sur ce sujet est développé dans sa première lettre à Timothée:

Mais si une veuve a des enfants ou petits-enfants, qu'ils apprennent d'abord à exercer la piété envers leur propre famille et à payer de retour leurs parents, car cela est agréable à Dieu. (1 Tim. 5:4).

Cet enseignement est devenu tout à fait étranger à la culture occidentale moderne, où les gens s'attendent de plus que les professionnels des soins de santé s'occupent de leurs parents âgés. Bien sûr, il y a des moments où il est dans l'intérêt d'une personne d'être soignée par des professionnels, mais l'enfant chrétien qui a des parents âgés devrait se laisser interpellé par les normes du Nouveau Testament. Nous devons tous nous poser la question: «Suis-je en train de faire tout mon possible pour aider mes parents, quand ils ne peuvent plus s'aider eux-mêmes?»

Jésus a réprimandé les Pharisiens pour leur pratique de forcer les gens à faire des dons au temple en se servant de l'argent qui aurait dû être utilisé pour soutenir financièrement leurs parents (Marc 7:9–13).

4. Et vous, pères, ne provoquez pas vos enfants à la colère, mais élevez-les en les corrigeant et en les avertissant selon le Seigneur.

En retour, cependant, les parents doivent être prudents comment ils s'y prennent pour élever leurs enfants. Le mot traduit par «pères» est «pateres», et selon Vine il peut être utilisé pour désigner les deux parents. Dans la relation parent-enfant, l'obéissance de l'enfant doit être gagnée par une éducation aimante de la part des parents. Comme dit Bruce: «*Si les enfants sont appelés à obéir à leurs parents, les parents devraient méritent l'obéissance de leurs enfants.»*

Les parents qui font des demandes déraisonnables sur leurs enfants sont susceptibles de les trouver frustrés, irrités ou en colère. Il est tragique que certains enfants trouvent qu'il est presque impossible de plaire à leurs parents. Une erreur que les parents chrétiens font couramment est de s'attendre à ce que leurs enfants se comportent comme des adultes à l'égard de leur foi. Un enfant peut avoir une foi chrétienne authentique, mais il est encore un enfant. Clairement, nous devons être prudents de ne pas imposer les attentes des adultes sur le cœur et l'esprit des enfants, car cela «provoquerait», ou plutôt les «découragerait»- les attentes qui leur sont imposées étant trop élevées.

De même, si les parents ne sont pas cohérents dans leurs attentes, leurs sanctions ou leurs louanges, alors l'enfant commence à se demander si cela sert à quelque chose d'obéir aux parents. Des problèmes de comportement en résulteront. Les parents chrétiens sages obéiront à la parole de Dieu pour corriger et punir leurs enfants d'une manière qui est à la fois juste et équitable. Dans tous les cas, l'enfant ne doit jamais se sentir indésirable, ou que l'amour de ses parents dépend de son comportement. La «discipline et l'instruction» dont on parle ici sont «du Seigneur», ce qui signifie que les parents chrétiens doivent discipliner leurs enfants dans la voie que Dieu donne; car Dieu discipline et reprend ses enfants, jamais avec colère, mais uniquement pour notre bien. Pas un instant Dieu ne cesse-t-il de nous aimer; il ne nous prive jamais de sa faveur en signe de sa colère. Au contraire, sa correction est un signe de sa faveur et de son amour (Apo. 3:19). Il nous corrige, afin que nous puissions marcher dans le droit chemin, et Il le fait parce qu'il nous aime (Hébreux 12:6).

Le résultat d'un mariage chrétien doit être les enfants élevés à suivre les voies de Dieu, car les enfants sont un héritage de l'Éternel (Psaume 127:3), et ils lui appartiennent. La «récompense» de Dieu quand Il réunit un homme et une femme comme une famille chrétienne est que les enfants viennent à Le connaître dès leur jeune âge et qu'ils continuent de l'aimer et le servir toute leur vie.

Les Serviteurs et les Maîtres.

Nous devons nous rappeler qu'au moment que Paul rédigeait sa lettre, il y avait beaucoup d'esclaves qui étaient entièrement la propriété de leurs maîtres. Beaucoup furent maltraités. Plutôt que d'essayer de renverser un système politique corrompu par la révolte ou la protestation, Paul instruisait les esclaves chrétiens à obéir et à servir leurs maîtres, comme si ils servaient le Christ. De cette manière, le commerce, et l'idéologie déformée qui le sous-tendait (que tous les hommes ne sont pas égaux), seraient brisés d'un seul coup, alors que les maîtres étaient amenés à se convertir à Jésus-Christ, par l'influence divine de leurs esclaves. Leur dignité dans la captive et l'amour pour leur Seigneur ne sauraient passer inaperçus.

Paul a également instruit les maîtres chrétiens qui possédaient des esclaves de les traiter équitablement, et non pas durement; plus comme des partenaires égaux que comme des possessions, car il dit *«vous aussi vous avez un Maître au ciel»*. Aujourd'hui, deux cents ans après l'abolition de la traite des esclaves en Amérique du Nord, la bataille contre l'esclavage dans le monde entier n'est pas terminée. Pino Arlacchi, directeur général de l'Office des Nations Unies de contrôle des drogues et la prévention du crime «*estime qu'il est probable que quelque 200 millions de personnes soient aujourd'hui entre les mains de trafiquants*». *(La Source: San Francisco Chronicle, 2 Juillet 2000).*

On critique Paul souvent pour avoir apparemment toléré le commerce des esclaves par son enseignement. Rien ne pourrait être plus éloigné de la vérité. Ce que Paul a fait par son enseignement était de venir aux côtés des esclaves et de rencontrer leurs besoins personnels et spirituels. Il ne pouvait pas renverser le commerce des esclaves, mais il pouvait encourager ses frères et sœurs en Christ à vivre chaque jour pour le Seigneur, en dépit de leur situation. Il leur a enseigné comment vivre pour le Christ et de trouver Sa présence et Sa paix au milieu de la détresse.

L'attitude de Paul envers l'émancipation des esclaves se voit clairement ailleurs dans ses lettres. Par exemple, dans sa lettre à Philémon, il fait appel pour l'affranchissement d'un esclave nouvellement converti qui s'était enfui. A ces esclaves qui sont capables de gagner leur liberté, il écrit:

«*Si vous pouvez gagner votre liberté, alors faites-le - ensuite utiliser votre vie liberté pour le service du Christ*» (*ma paraphrase de 1 Corinthiens 7:21*). Le message fondamental de Paul n'était pas que les hommes doivent se soumettre au mal, mais plutôt que le mal doit être toujours combattu par le bien. «*Ne sois pas vaincu par le mal, mais vainqueur du mal par le bien.*» (Rom. 12:21)

Puisque la situation de beaucoup de lecteurs aujourd'hui est, fort heureusement, très différente de celle des esclaves, nous allons appliquer l'esprit de l'enseignement de Paul au rôle des employeurs et des employés.

5. Esclaves, obéissez à vos maîtres selon la chair avec crainte et tremblement, dans la simplicité de votre cœur, comme au Christ.

En tant qu'employés chrétiens, nous devons être prêts à suivre les instructions de notre employeur, en leur donnant le respect dû à leur position, et être prêts à leur plaire par le travail dur, être ponctuels, fiables et dignes de confiance. «*Dans la crainte et tremblement*» signifie que nous travaillons avec un sens du devoir envers Dieu, pas dans la peur de l'homme. «*Dans la simplicité de votre cœur*» signifie que nous travaillons sincèrement - ne pas faire semblant de travailler quand nous sommes en faites oisifs. Nous devons travailler avec tout notre cœur, comme si nous servions Christ lui-même et non pas les hommes.

> *6–7. Non seulement sous leurs yeux, comme pour plaire aux hommes, mais comme des esclaves de Christ, qui font la volonté de Dieu de tout leur cœur. Servez-les avec enthousiasme, comme si vous serviez le Seigneur et non les hommes.*

Nous ne devons pas travailler que lorsque nous sommes surveillés par nos patrons, pour leur plaire, mais travaillons comme si nous travaillions pour le Seigneur qui nous regarde tout le temps. En travaillant de bonne volonté, nous ne trouverons pas cela comme une corvée, mais une joie de servir notre Seigneur par notre travail toute la journée.

> *8. Sachant que tout le bien que nous faisons, nous allons recevoir le même du Seigneur,   que nous soyons esclaves ou hommes libres.*

En tant que serviteurs du Christ, nous attendons avec impatience, non seulement notre salaire, mais une récompense éternelle dans les cieux, car tout le bien que nous faisons dans cette vie sera récompensés par le Christ, et cela est vrai pour tous, pour les maîtres/employeurs comme pour les serviteurs/employés.

9. Et, maîtres, faites la même chose pour eux. Arrêtez de les menacer, car vous savez que vous avez tous deux le même Maître dans le ciel, et avec lui il n'y a pas de partialité.

La même obligation de servir le Christ de tout leur cœur est placée sur les employeurs chrétiens. Puisqu'ils ont un maître au-dessus d'eux, Jésus-Christ, ils doivent traiter leurs employés comme ils voudraient être traités, puisqu'un jour, ils répondront au Seigneur des patrons et des ouvriers. Ils devraient essayer d'être justes, puisque le Christ se rangera du côté du bien et n'aura pas de considération de personnes (Rom. 2:11).

Le Combat Spirituel.

10. Enfin, soyez forts dans le Seigneur et dans la force de sa puissance.

Comment pouvons-nous espérer satisfaire aux exigences de Christ dans notre vie chrétienne? Seulement quand nous partageons la force de Dieu et son pouvoir, afin d'être «forts dans le Seigneur. Comme nous nous prévalons de la puissance de Dieu pour nous renforcer, Il va nous permettre de vivre pour Lui. La grandeur de sa puissante œuvre en nous va nous amener à être spirituellement forts pour nous opposer aux forces des ténèbres et de surmonter les ruses du diable (Phil. 4:13).

11. Revêtez l'armure de Dieu tout entier, afin que vous puissiez être en mesure de tenir ferme contre les ruses du diable.

Dans les versets suivants Paul compare le chrétien à un soldat qui a été bien équipé pour le combat. Aucun soldat ne pourrait jamais aller au combat sans mettre sur son armure ni prendre ses armes. Ainsi, le chrétien doit se revêtir de l'armure complète de Dieu comme il fait face au mal dans le monde et prend sa position pour Christ. Dieu a pourvu tout ce dont nous avons besoin, mais c'est seulement lorsque nous prenons cette armure (la portons sur nous) que nous pourrons vaincre le mal (1 Jean 4:4).

Il y a plusieurs façons par lesquelles le diable essaie de gagner un avantage sur le peuple de Dieu. Par exemple, la persécution des chrétiens va augmentant dans le monde moderne. Dans les pays occidentaux, cette persécution prend souvent une forme plus méchante, plus subtile. Les lois sont votées pour contester la loi de Dieu, et les croyants se retrouvent devant un choix: de désobéir à Christ, ou de faire face à des poursuites civiles et même des charges criminelles. Le diable tente également de provoquer des divisions entre les chrétiens; de les éloigner du Christ; de diviser les mariages chrétiens (1 Cor. 7:5); ou d'induire le peuple de Dieu dans le péché et d'erreur (2 Cor. 11:3). Si nous voulons surmonter ces stratégies diaboliques, nous devons être forts dans la puissance surnaturelle du Seigneur.

> *12. Car notre lutte n'est pas contre des ennemis de chair et de sang, mais contre les dominations, contre les autorités, contre les puissances cosmiques des ténèbres, contre les forces spirituelles du mal dans les lieux célestes.*

Dieu veut que nous sachions qui sont nos ennemis. Ils ne sont pas faits de chair et de sang, mais ils sont les puissances spirituelles du mal à l'œuvre dans le monde. Puisque notre guerre est spirituelle, elle nécessite des armes spirituelles et de la protection.

Satan n'est pas une idée ni une personnification du mal sur qui peut être placé le blâme pour les calamités survenant à l'homme. Satan est un ange déchu, ayant une force surnaturelle de ruse énorme et puissante, et il a une personnalité réelle et il est à l'œuvre dans le monde aujourd'hui. Il y a une liste des divers grades d'êtres angéliques qui ont rejoint Satan dans sa rébellion contre Dieu et sa tentative pour inciter à une rébellion semblable chez les hommes. Les distinctions entre eux ne sont pas de grande importance, mais ils sont tous dirigés par «le dieu de ce siècle» (Satan) pour exécuter sa volonté et mener à bien ses souhaits (2 Cor. 4:4).

Cela ne devrait pas nous surprendre que les enfants de Dieu tombent sous l'attaque particulière des forces démoniaques, car elles sont dirigées par Satan, qui est l'ennemi de Dieu et donc le nôtre. Le combat est si personnel qu'il est décrit comme une lutte, ce qui signifie un combat corps à corps. Pourtant, Paul veut que l'enfant de Dieu comprenne qu'il commence ce combat à partir d'une position de victoire. Le Christ a déjà vaincu les forces du mal, de sorte que tous doivent se soumettre à Son autorité. Les chrétiens sont faits pour partager cette victoire en vertu de leur union avec le Christ. L'armure de Dieu, qui décrit Paul, est en réalité une expression de notre union vitale avec le Seigneur triomphant.

Comme l'a écrit Bruce:

«(Ils) ont lancé un assaut sur le Christ crucifié, mais Lui, loin de subir leur assaut sans résistance, était aux prises avec eux et Il les a vaincus, en les dépouillant de leur armure et les dirigeant devant lui en procession triomphale (Col. 2:15). Ainsi (ces) pouvoirs sont déjà vaincus, mais ce n'est que par leur union et leur foi en Christ victorieux que les chrétiens peuvent faire de Sa victoire la leur.»

13. C'est pourquoi, prenez toutes les armes de Dieu, afin que vous puissiez être en mesure de résister dans le mauvais jour, et après avoir tout fait, de rester ferme.

En raison de cette attaque présente contre l'Eglise, nous devons nous revêtir de toutes les armes de Dieu; nous prévaloir de tout ce que Dieu en Jésus-Christ a fait et qui nous est donné, de sorte que nous puissions être en mesure de résister au diable et ne pas céder du terrain en ces jours mauvais. Comme nous le faisons, Dieu nous promet Sa force, ce qui est suffisant pour nous permettre de rester ferme et ne pas céder.

14. Tenez donc ferme, et ayez à vos reins la ceinture de la vérité, et revêtez la cuirasse de la justice.

La première pièce de l'armure est «*la ceinture de la vérité*». Une large ceinture autour des reins permet à un homme de se tenir droit pour transporter de lourdes charges. Dans notre combat spirituel, nous devons nous revêtir de la vérité de Dieu si nous voulons connaître sa force surnaturelle.

Le reste de l'armure d'un soldat romain serait inefficace sans le soutien fourni par sa ceinture. L'armure de Dieu est toujours efficace, car jamais Dieu ne peut mentir, et donc son armure ne peut manquer d'être suffisante. Afin de porter cette ceinture, nous devons avoir une connaissance réelle de la vérité qui est en Jésus-Christ (Jean 14:6). La Parole de Dieu est vérité, et en tant que croyants, nous devons connaître la vérité, croire à la vérité, et vivre la vérité.

Le mot «vérité» comprend également l'idée de fidélité. Aucun soldat chrétien ne peut résister s'il n'est pas fidèle au Seigneur Jésus-Christ, et comme nous prenons notre position pour Lui, nous trouverons qu'il nous est toujours fidèle.

La «cuirasse de la justice» est la second pièce de la liste. Être justifié (rendu juste avec Dieu en Jésus-Christ), nous avons le pouvoir de vivre une vie de rectitude, et de développer un caractère vertueux. Vivre dans la rectitude est l'une des plus grandes armes qu'un chrétien a; garder une conscience claire nous permet de faire taire l'accusateur. Pour marcher avec Dieu, au centre de Sa volonté, est en effet l'endroit le plus sûr et le meilleur pour vivre.

> *15. Mettez pour chaussure à vos pieds les bonnes dispositions de l'Evangile de paix.*

Nos pieds doivent être chaussés des «bonnes dispositions de l'Évangile de la paix». Nous devons nous préparer en nous familiarisant avec le message de l'Evangile, afin de pouvoir être capables de le partager avec d'autres et de les conduire au Seigneur. Nous devons toujours être prêts à témoigner: prêts et capables de partager la bonne nouvelle avec les autres que nous rencontrons (1 Pi. 3:15.).

> *16. Avec tout cela, prenez le bouclier de la foi, avec lequel vous pourrez éteindre tous les traits enflammés du malin.*

Arrive ensuite le «bouclier de la foi». Paul considère que cela est d'une grande importance, puisque tout le reste de l'armure serait inutile sans elle. Le terme utilisé signifie un bouclier qui couvre toute la hauteur du corps de la tête aux pieds. L'armure qui fournit la foi comprend tout: Nous sommes sauvés par la foi (Ephésiens 2:8). La foi nous donne la victoire (1 Jean 5:4).

Sans la foi nous ne pouvons plaire à Dieu (Hébreux 11 :6). Nous sommes justifiés par la foi (Gal. 2:16). Nous vivons par la foi (Gal. 2:20). Nous devons prier avec foi (Jacques 1:6).

Ainsi nous sommes capables d'éteindre tout ce que le diable envoie contre nous par la foi. Il semble que des «traits enflammés» auraient été utilisés par les soldats romains pour mettre le feu aux défenses de leur ennemi. Satan essaie de mettre le feu péché dans notre cœur et notre esprit par les nombreuses tentations pour commettre le péché. La provision de Dieu du bouclier de la foi indique que ce n'est pas par nos propres forces que nous pouvons vaincre la tentation, mais en gardant la puissance de Dieu et notre foi en Sa capacité de protéger (1 Pierre 1:5).

17. Prenez le casque du salut et l'épée de l'Esprit, qui est la parole de Dieu.

Le *«casque du salut»* est la cinquième pièce de la liste. Nous ne devons pas prendre cette analogie de l'armure du soldat trop littéralement, car le salut englobe notre esprit, notre âme et notre corps, et ne se limite pas à l'esprit. Pourtant, la tête assurément est la partie la plus importante du corps à défendre, et c'est pourquoi le casque est une figure de notre salut; elle fournit une protection suffisante pour l'homme tout entier, en toutes circonstances. Tout comme être prêt à proclamer l'Évangile n'est pas une question qui concerne les pieds du chrétien, de même le casque du salut ne protège pas simplement son esprit, mais son âme. Il reste vrai, cependant, que le diable attaque sans cesse l'esprit du chrétien. Le casque du salut le protégera de ces accusations et ces attaques (2 Tim. 1:7).

Enfin, la seule arme offensive qui a été donnée au Chrétien c'est «l'épée de l'Esprit, qui est la Parole de Dieu». Nous devons utiliser la Parole de Dieu dans la lutte dans la prière comme le Seigneur a fait durant sa tentation dans le désert. Pour par exemple, lorsque Satan a demandé au Christ de prouver sa divinité en transformant les pierres en pain, Jésus répondit: «Il est écrit, l'homme ne vivra pas de pain seulement, mais de toute parole qui sort de la bouche de Dieu» (Matthieu 4:4)

Le Seigneur Jésus-Christ a vaincu par la puissance de Sa Parole, et cette même parole puissante, vivante est disponible pour que nous l'utilisions.

En effet, la parole de Dieu est vivante et efficace, plus tranchante qu'une épée quelconque à deux tranchants, elle pénètre jusqu'à la division de l'âme et de l'esprit, des jointures et des moelles; elle est capable de juger les pensées et les intentions du cœur. (Hébreux 4:12)

Notre vie de Prière Personnelle.

18. Priez dans l'Esprit, en tout temps, avec toutes les prières et des supplications. À cette fin, restez vigilant et persévérez toujours dans la supplication pour tous les saints.

Bien que la prière ne soit pas mentionnée directement dans le cadre de l'armure, elle est essentielle à notre combat spirituel. Nous devons persévérer dans la prière dans l'Esprit, en utilisant la Parole de Dieu de la manière décrite dans le verset précédent. Le croyant doit prier égulièrement, à tout moment, sans manquer un seul moment de prière quotidienne et sans jamais renoncer à la prière. Nous devons prier avec un but, conscient des besoins du peuple de Dieu quand nous intercédons en leur faveur, notamment pour leurs besoins spirituels.

19–20. Priez aussi pour moi, de sorte que quand je parle, un message m'est donné pour que je fasse connaître avec hardiesse le mystère de l'Évangile, pour lequel je suis ambassadeur dans les chaînes. Priez pour que je puisse le déclarer avec assurance comme je dois en parler.

Paul demande aux Éphésiens de prier pour lui pour qu'il puisse avoir la liberté de prêcher l'Évangile sans crainte. Ce fut pour la prédication de l'Evangile qu'il était en prison, mais au lieu de demander la prière pour sa libération, il leur demande de prier qu'il puisse saisir cette occasion avec courage pour parler de Dieu, car il savait que c'était cela la volonté de Dieu (Actes 23.11).

Un Dernier Mot.

> *21–22. Pour que vous aussi vous sachiez comment je suis et ce que je fais, Tychique vous dira tout. Il est un cher frère et fidèle ministre dans le Seigneur. Je vous l'envoie à vous dans ce but même, pour vous laisser savoir comment nous sommes, et pour consoler vos cœurs.*

Paul avait confié à Tychique, qui est fidèle dans le ministère qui lui avait été donné par le Seigneur, de remettre cette lettre et de faire un rapport sur sa situation personnelle à l'église; Tychique devait encourager et réconforter les croyants Éphésiens, puisque spirituellement, si ce n'est pas matériellement, Paul se portait bien.

> *23–24. Paix aux frères, et l'amour avec la foi, de Dieu le Père et le Seigneur Jésus-Christ. Que la grâce soit avec tous ceux qui aiment notre Seigneur Jésus Christ dans la sincérité. Amen.*

Paul termine sa lettre avec une bénédiction: que la grâce, la paix et l'amour avec la foi de Dieu le Père et le Seigneur Jésus-Christ soient donnés à tous ceux qui Le connaissent et L'aiment sincèrement.

www.ingramcontent.com/pod-product-compliance
Lightning Source LLC
Chambersburg PA
CBHW071101090426
42737CB00013B/2413